# EN BUSCA DE LA ALEGRÍA

T0282877

María Inés López-Ibor

# En busca de la alegría

El camino para alcanzar una vida (bien) vivida

DIANA

Obra editada en colaboración con Editorial Planeta – España

© 2022, María Inés López-Ibor

© 2022, Editorial Planeta, S. A. - Barcelona, España

Derechos reservados

© 2023, Editorial Planeta Mexicana, S.A. de C.V.
Bajo el sello editorial DIANA M.R.
Avenida Presidente Masarik núm. 111,
Piso 2, Polanco V Sección, Miguel Hidalgo
C.P. 11560, Ciudad de México
www.planetadelibros.com.mx

Gráficos de interior: © Jesús Sanz (jesussanz.com)
Ilustraciones de interior: © GL Archive/Alamy Stock Photo/ACI; © Fine Art Images/
Album
Iconografía: Grupo Planeta

Primera edición impresa en España: mayo de 2022
ISBN: 978-84-670-6549-7

Primera edición impresa en México: febrero de 2023
ISBN: 978-607-07-9698-2

No se permite la reproducción total o parcial de este libro ni su incorporación a un sistema informático, ni su transmisión en cualquier forma o por cualquier medio, sea este
electrónico, mecánico, por fotocopia, por grabación u otros métodos, sin el permiso
previo y por escrito de los titulares del *copyright*.

La infracción de los derechos mencionados puede ser constitutiva de delito contra la
propiedad intelectual (Arts. 229 y siguientes de la Ley Federal de Derechos de Autor y
Arts. 424 y siguientes del Código Penal).

Si necesita fotocopiar o escanear algún fragmento de esta obra diríjase al CeMPro
(Centro Mexicano de Protección y Fomento de los Derechos de Autor, http://www.
cempro.org.mx).

Impreso en los talleres de Impresora Tauro, S.A. de C.V.
Av. Año de Juárez 343, colonia Granjas San Antonio, Ciudad de México
Impreso en México -*Printed in Mexico*

*A mis hijos, con la esperanza de que logren una vida bien vivida.*

Vivir no es solo existir,
sino existir y crear,
saber gozar y sufrir
y no dormir sin soñar.
Descansar, es empezar a morir.

GREGORIO MARAÑÓN, médico y escritor.

# ÍNDICE

INTRODUCCIÓN ............................................................... 15

1. FILOSOFÍA DE LA ALEGRÍA Y DE LA FELICIDAD ................ 21
   El concepto de felicidad en la Historia ..................... 22
   El concepto de alegría en la Historia ...................... 32

2. LA ALEGRÍA: ¿SENTIMIENTO, EMOCIÓN O PENSAMIENTO? ... 37
   Diferencias entre emoción y sentimiento ................. 41
   Nuestras emociones condicionan nuestro pensa-
   miento ...................................................................... 45
   *¿Qué es el pensamiento?* ........................................ 47
   Tipos de inteligencia ............................................... 51
   *Inteligencia intrapersonal e inteligencia interper-
   sonal* ...................................................................... 55
   *Inteligencia emocional* .......................................... 57

3. La neurociencia y las emociones .................................... 59
   Los circuitos cerebrales ........................................ 60
      El circuito emocional ........................................ 65
      Los hemisferios cerebrales ................................... 73
   Últimas aportaciones de la neurociencia: de los
   circuitos a las redes cerebrales ............................... 75
   Neurotransmisores y hormonas relacionadas con
   los sentimientos ............................................... 76

4. Alegría y personalidad .......................................... 81
   Temperamento y carácter ........................................ 84
      Los rasgos de la personalidad ............................... 86
   El optimismo ................................................... 91

5. Salud y enfermedad .............................................. 95
   La salud mental ................................................ 98
      El concepto de normalidad psíquica .......................... 102
   Tristeza y depresión ........................................... 104
   Diagnóstico de la depresión .................................... 111
   Entre la euforia y la depresión: el trastorno bi-
   polar .......................................................... 117

6. La alegría como vivencia ........................................ 121
   La experiencia de nosotros mismos: la vivencia
   corporal ....................................................... 125
   La expresión de la alegría: la sonrisa ......................... 130
   La expresión de la tristeza: las lágrimas ...................... 137

7. ALEGRÍA, SALUD Y BIENESTAR PSICOLÓGICO ..................... 141
   ¿Cómo afecta el estrés a nuestra vida cotidiana? ... 144
   Escala de reajuste psicosocial de Holmes y Rahe .. 146
   El papel de la psicología ............................... 148
   Psicología positiva: centrarnos en el lado bueno de
   las cosas ..................................................... 152

8. LA BÚSQUEDA DE LA ALEGRÍA ..................... 157
   Lo que podemos cambiar es nuestra actitud ............ 158
   La alegría como hábito ..................................... 162
   *Fortaleza y resiliencia* ..................................... 164
   *El valor de la templanza* ................................. 166
   *La justicia* ..................................................... 167
   *La prudencia* ................................................. 168
   *La gratitud* ................................................... 169
   *La vivencia del presente* ................................. 171

9. LA IMPORTANCIA DEL AUTOCUIDADO ..................... 173
   Ejercicio físico y técnicas de relajación ................ 176
   *Caminar a diario* ............................................ 177
   *La filosofía del yoga y del Zen* ......................... 178
   *El* mindfulness ............................................... 181
   La importancia del silencio ............................... 182
   La trascendencia del espacio en el que vivimos ...... 183
   *Orden, equilibrio y color* ................................. 184
   *El espacio vital* .............................................. 186
   La alegría a través de los sentidos ...................... 188
   *La vista y los colores* ...................................... 188

*Los aromas* ........................................................... 189

*El tacto y el contacto físico* ................................... 190

*El oído y el poder de la música* ............................. 192

La importancia de la dieta ................................... 194

¡Cuidado con la era digital! ................................. 196

La importancia de la generosidad ....................... 200


10. EN BUSCA DE LA ALEGRÍA EN MOMENTOS DIFÍCILES ...... 203

La vida y la alegría se adaptan a las circunstancias ...................................................................... 207

*Las fases del duelo durante la pandemia* ............... 208

*El renacer de la alegría* ......................................... 213

Un cuento para vencer la adversidad ................... 214


11. «LA PUERTA SIEMPRE ESTÁ ABIERTA» ......................... 219

Beneficios de la alegría ........................................ 220


BIBLIOGRAFÍA ............................................................. 223

# INTRODUCCIÓN

Seguramente, al ver el título de este libro, usted, potencial lector, se hará una pregunta: ¿es verdad que la alegría puede buscarse? Si es así, seguro que puede encontrarse, y si podemos encontrarla, nuestra vida sería mejor o, al menos, más alegre. Porque alegres es como queremos estar, como queremos sentirnos, como queremos vivir... Sin embargo, como a menudo ocurre, cuando te planteas una pregunta, la respuesta no solo no aparece, sino que surgen otras nuevas. Y esto es lo que sucede en este caso: se me ocurren cuatro preguntas que son el eje fundamental de este libro.

La primera: ¿qué entendemos por alegría? La alegría es un sentimiento, una respuesta a lo que nos sucede y una valoración —o toma de postura— ante algo que nos sucede. Para responder a esta pregunta esencial, en las siguientes páginas haremos una breve revisión del concepto de la alegría a lo largo de la historia.

Segunda pregunta: ¿la alegría y la felicidad son lo mismo? Existen muchos libros dedicados a la felicidad, pero no tantos a la alegría. A continuación, veremos que son emociones diferentes y descubriremos que, para alcanzar una felicidad bien entendida —la felicidad plena—, deberemos potenciar el sentimiento de alegría.

Tercera pregunta: ¿nacemos alegres o *nos hacemos alegres*? Es decir, ¿ser alegre viene determinado por nuestros genes —heredados de nuestros padres— y por nuestro temperamento, o se relaciona más con el ambiente y con las experiencias que vamos acumulando a lo largo de la vida, que son las que determinan nuestro carácter? Temperamento y carácter son aspectos fundamentales de nuestra personalidad: no somos responsables de nuestro temperamento —genético o congénito—, pero sí, quizá, de nuestro carácter —más relacionado con nuestra experiencia—. Sabemos que nuestra personalidad no es un ente estático, sino que puede modificarse —al menos, ciertos rasgos— mediante determinadas vivencias y, por supuesto, con el aprendizaje. Dicho de otro modo: podemos *aprender* a ser alegres.

Cuarta pregunta: ¿dónde está la alegría?, ¿dónde podemos encontrarla? Si es posible aprender a ser alegres, tendremos que aprender a detectar la alegría para poder vivirla, experimentarla y sentirla. Pero, para ello, es fundamental entender qué es la personalidad y algunas de sus funciones básicas, como el pensamiento, los sentimientos, las emociones, la memoria o la conciencia.

Pero la alegría no es un modo de ser, no es un rasgo de la personalidad propiamente dicho. Es cierto que hay personas con más tendencia a experimentarla, mientras que otras son más melancólicas, pero la alegría es un modo de estar, una manera de sentir, un sentimiento vital que nos indica cómo nos encontramos en relación con el mundo, y no solo a partir de lo que nos sucede, sino del sentido que le damos a lo que nos sucede.

Al final, la respuesta a las preguntas que hemos planteado es siempre la misma: la alegría se siente y se experimenta; en definitiva, se vive o se vivencia.

En los últimos capítulos del libro explicaremos cómo aprender a sentir alegría en diferentes situaciones, incluso en las más complicadas. Es decir, cómo vivir en alegría. Porque la alegría tiene un sentido, que quizá sea el sentido último de nuestra existencia.

Nos pasamos la vida trabajando, estudiando, ahorrando —para vivir mejor, pensamos—, pero nos ocupamos poco de nuestros sentimientos. Como profesional de la psiquiatría, llevo diez años investigando un sentimiento que nos preocupa a todos, la tristeza, ya que en muchas ocasiones se confunde con una de las enfermedades más graves y frecuentes que nos afectan: la depresión. La tristeza es un sentimiento normal que llega cuando perdemos algo que teníamos, como un amigo, una relación de pareja, un trabajo… Sin embargo, la depresión es una enfermedad, en ocasiones muy grave. Depresión y tristeza no son lo mismo, e incluso hay depresiones con otros síntomas, como apatía, incapacidad de disfrutar de las cosas, alteraciones del sueño o del apetito, irritabilidad..., pero no tristeza.

La alegría está relacionada con la salud, pero no solo con la salud mental, sino también con la física, ya que nos permite adaptarnos al estrés y mejorar el sistema inmunitario, lo que nos hace menos vulnerables a padecer infecciones y, en general, cualquier enfermedad. Además, la alegría como sentimiento —como una forma de estar— es buena para la toma de decisiones, porque potencia la flexibilidad cognitiva y nos permite encontrar soluciones más creativas e innovadoras.

\* \* \*

CAMINA LENTO, NO TE APRESURES,
QUE A DONDE TIENES QUE LLEGAR
ES A TI MISMO.

Esta es una de las frases más conocidas del filósofo José Ortega y Gasset, y de esto trata una gran parte de este libro. En mi opinión, nuestro destino no es llegar a un lugar concreto, conseguir un determinado trabajo o conocer a una determinada persona, sino conocernos bien a nosotros mismos, saber quiénes somos y qué queremos. Elegir lo que queremos ser.

Con frecuencia les preguntamos a los niños qué les gustaría ser de mayores, y casi siempre nos contestan con una profesión: bailarina, pintor, futbolista, abogado, artista, médico… Aunque hay excepciones. Por ejemplo, mi hermana, que era una gran bailarina, muy alegre y lista, cuando le hicieron esa pregunta —tenía ocho años— respondió: «Quiero ser como Lelé», que era como llamábamos a mi abuela materna, una mujer con las ideas muy claras, generosa, siempre positiva y pendiente de los demás, y, sobre todo, una mujer que sabía perfectamente lo que quería y cómo quería vivir su vida.

En mi opinión, la formulación de esa pregunta está equivocada, porque está condicionada por nuestra manera de ver el mundo. Nos educan y educamos para el *qué* —qué queremos, qué necesitamos— y nos olvidamos del *cómo* —cómo queremos ser, cómo queremos vivir nuestra vida—. Deberíamos empezar a pensar que lo importante es tratar de hacer bien las cosas y ser buenas personas, lo que, sin duda, dará sentido a nuestras vidas.

Si dedicamos tiempo a conocernos mejor, a observar cómo reaccionamos ante distintas circunstancias, ante los demás y ante nosotros mismos, seremos capaces, primero, de entendernos y, segundo, de cambiar aquello que no es funcional. Pero, como dice Ortega y Gasset, la clave está en conocernos bien, porque solo así podremos mejorar.

Siempre me ha sorprendido la cantidad de tiempo que dedicamos a cuidar nuestro aspecto físico haciendo ejercicio, vigilando lo que comemos o la ropa que llevamos, comparado con el que dedicamos a conocernos, a reflexionar sobre quiénes somos, cómo es nuestra personalidad, cómo nos comportamos, qué podemos hacer para sentirnos mejor y qué sentido tiene nuestra existencia, tanto para nosotros mismos como para los demás.

De esto es de lo que trata este libro, de la búsqueda de la alegría como el camino para alcanzar una vida plena.

# 1
## FILOSOFÍA DE LA ALEGRÍA Y DE LA FELICIDAD

Comencemos distinguiendo la alegría de la felicidad, dos conceptos que a menudo se confunden pero que no son lo mismo. Según el *Diccionario* de la Real Academia, la «felicidad» (del latín *felicitas)* es un estado de ánimo producido cuando la persona se siente plenamente satisfecha por haber conseguido lo que desea. También se refiere a la circunstancia o suceso que produce ese estado. Así pues, la felicidad es un estado temporal de satisfacción, en el que la persona se siente bien, sin malestares y sin preocupaciones. Sinónimos de felicidad serían ventura, suerte, bienestar o fortuna.

Por su parte, el término «alegría» puede venir del latín *alicer* o *alecris,* que significa «algo vivo y animado», o del griego *gaio-gaurus-gauro,* que quiere decir «fiarse de las propias fuerzas», o sea, conocerse y aceptarse. En efecto, la palabra puede tener el sentido de satisfacción, gozo o regocijo (por ejemplo, el tercer domingo de Adviento se denomina *gaudium,* que significa que los cristianos están alegres porque tienen la certeza de que en breve nacerá Jesús). Pero hay un segundo origen, *laetitia,* que significa «la alegría de estar aquí» (el cuarto domingo de Cuaresma se denomina *laetare,* que quiere decir que la Pascua está cerca, o sea, que la espera termina, momento en el que, por ejemplo, los sacerdotes pueden utilizar el color rosa en su vestimenta). En este sentido, la Real Academia Española define la alegría como un «sentimiento de placer producido por un suceso favorable, que suele manifestarse con un buen estado de ánimo», pero también se refiere a la cosa o persona que causa ese sentimiento. Además, añade otra definición, que es la satisfacción y la tendencia a la risa o a la sonrisa. Serían sinónimos de alegría palabras como contento, regocijo, júbilo, fiesta, satisfacción, placer o gozo.

## EL CONCEPTO DE FELICIDAD EN LA HISTORIA

A lo largo de la historia, la alegría y la felicidad han sido objeto de estudio por parte de los filósofos. La felicidad se ha estudiado en el campo de la ética, entendiéndola como uno de los fines, retos o aspiraciones de nuestra existencia.

Sócrates, Platón y Aristóteles pensaban que la felicidad dependía de nosotros mismos, y que, por tanto, era algo intencional que se relacionaba directamente con nuestro crecimiento personal. Sócrates dijo: «El secreto de la felicidad no se encuentra en la búsqueda de más, sino en el desarrollo de la capacidad para disfrutar con menos». Es decir, la felicidad no dependería tanto de los acontecimientos o de la satisfacción de nuestros deseos como del trabajo activo que cada cual hace consigo mismo para aprender a disfrutar de los pequeños sucesos que conforman la vida.

Para Platón —discípulo de Sócrates—, la felicidad también depende de uno mismo y no del entorno o de lo que sucede fuera, mientras que para Aristóteles la felicidad sería la finalidad última de la existencia. Es decir, el sentido de nuestra vida sería lograr la felicidad, que se basa en la autorrealización y se consigue ejerciendo la virtud. Aristóteles pensaba que, para algunos, la felicidad era tener honores, ser reconocido y tener prestigio, mientras que para otros consistiría o bien en tener deseos y poderlos satisfacer, o bien en poseer conocimientos y aprender. Sin embargo, consideraba que la riqueza no es felicidad, sino un camino para lograrla. O sea, la riqueza nunca es un fin en sí misma. Y no le faltaba razón. De hecho, en España tenemos un refrán, «el dinero no da la felicidad», que refleja a la perfección lo que ya planteaba Aristóteles hace dos mil cuatrocientos años.

El pensamiento de Aristóteles está muy relacionado con el concepto actual de las motivaciones. La motivación es aquello que impulsa y mantiene un comportamiento. El psicólogo estadounidense David McClelland señala tres tipos de motivación en los seres humanos: el logro, el poder y la necesidad de afiliación. Hay personas cuyas motivaciones están encaminadas a conseguir algo —un trabajo, una posición económica—, y solo se sentirán satisfechas si lo logran. Un segundo grupo de personas lo formarían aquellas a las que, principalmente, las mueve el poder, por lo que sus acciones siempre se dirigen a tener influencia sobre los demás. Y, por último, un tercer grupo compuesto por personas que se guían por una necesidad de afiliación o de pertenencia; son personas que trabajan bien en equipo, porque tienen en cuenta las necesidades y motivaciones de los demás.

En realidad, compartimos los tres tipos de motivación, y una puede destacar sobre las demás según el momento y las circunstancias en la que nos encontremos. A lo largo de nuestra vida nos regimos por la consecución de un logro, por tener influencia sobre los demás o por formar parte de un grupo determinado. Sea como fuera, el resultado de la realización de esa motivación —la que sea— será una sensación placentera y de satisfacción, que, si es perdurable, como decía Aristóteles, nos proporcionará felicidad, que es el fin último de la existencia.

Para otros filósofos de la Grecia clásica, como Epicuro y sus discípulos, la felicidad es simplemente conseguir placer, por lo que el fin último de la existencia es la satisfacción de nuestros placeres, que son diferentes en cada persona.

En el siglo v, San Agustín de Hipona buscó incansablemente el sentido de la felicidad, tanto desde el punto de vista filosófico como teológico. Pensaba que la felicidad auténtica no se consigue a través de bienes o hechos que por definición son temporales, sino que lo que proporciona la verdadera felicidad es la sabiduría interior, que nos permite conocer a Dios. Para él, como para Aristóteles, el objetivo último de la existencia es alcanzar la felicidad, aunque, como cristiano, esta no pasa por la satisfacción de deseos terrenales, sino dando un sentido de trascendencia a nuestra existencia.

San Agustín describe las virtudes teologales: la fe, la esperanza y la caridad, virtudes que dirigen nuestra vida hacia el conocimiento y la experiencia de Dios, así como las otras virtudes —descritas originariamente por Platón en *Fedro*—: la fortaleza, la prudencia, la justicia y la templanza, que nos permiten ser mejores personas y vivir en sociedad.

Buda también pensaba que la felicidad era el objetivo de nuestra vida y que se lograba día a día, aunque nunca se llega a alcanzar completamente porque las metas van cambiando. Para él, a diferencia de Aristóteles, la felicidad no es el fin último, sino el camino. De ahí la frase «No hay camino a la felicidad, la felicidad es el camino».

El premio Nobel Bertrand Russell (1872-1970), filósofo y matemático británico, fundador de la filosofía analítica, pensaba que la conquista de «la felicidad es el amor, porque rompe el ego y supera la vanidad». Es decir, la persona es feliz cuando se olvida de sí misma y es capaz de pensar en los demás: «La buena vida es una vida inspirada en el amor y guiada por el conocimiento». Pongamos un ejemplo: si vas por la calle y ves a una persona mayor que quiere cruzar y necesita ayuda, si decides dársela, te sentirás satisfecho y contento. Seguramente, alguien la habría ayudado, pero el hecho es que fuiste tú el que marcó la diferencia. Esto se relaciona con lo que les sucede a los enfermos de depresión, cuyo pensamiento está únicamente centrado en sí mismos, en lo mal que se encuentran, en lo tristes que están, en la incapacidad que tienen de disfrutar de las cosas. Cuando el paciente empieza a mejorar, se olvida un poco de sí mismo y es capaz de pensar en los demás. Es entonces cuando nos damos cuenta de que su ánimo empieza a mejorar.

En 1930, Russell escribió *La conquista de la felicidad,* donde, en la introducción, dice: «Escribí este libro partiendo de la convicción de que muchas personas que son desdichadas podrían llegar a ser felices si hacen un esfuerzo bien dirigido». Es decir, la felicidad no depende del azar, y la podemos alcanzar si nos esforzamos y ponemos todo nuestro empeño en el camino que nos lleva hasta ella. Russell también apuntaba que una de las razones por las que no llegamos a alcanzar la felicidad es porque estamos demasiado preocupados por nosotros mismos y por nuestras posesiones: «Lo más difícil de aprender en la vida es qué puente hay que cruzar y qué puente hay que quemar». Dicho de otro modo: no logramos la felicidad porque no sabemos qué es lo que buscamos: desconocemos lo que nos produce la felicidad y la confundimos con la satisfacción de nuestros placeres o con la obtención de alguna meta efímera. El estado de satisfacción pasará, porque siempre surgen cosas nuevas o porque necesitamos más para continuar siendo felices. Por eso es importante pensar que la felicidad es un camino, un proceso dinámico que cambia en función de las circunstancias, pero que está muy relacionado con el sentido que le damos a nuestra vida y con nuestra actitud.

También George Sand (1804-1876), pseudónimo de Amantine Aurore Lucile, baronesa de Dudevant, amante del compositor Frédéric Chopin y autora de frases tan célebres como «No hay que desanimarse nunca. Los sueños vuelan, pero el trabajo queda», o «No ames a quien no admires, el amar sin admiración solo es amistad», reflexionó acerca de la felicidad. Para ella, la felicidad es un estado que puede lograrse cuando somos capaces de amar y de ser amados. Sand pensaba que el amor —sentirse querido y querer— es lo que nos permite alcanzar ese estado de satisfacción plena. Porque la felicidad no es compatible con el egoísmo; siempre tiene que ser compartida. En efecto, somos felices cuando hacemos felices a los demás. Y no es una simple frase hecha. Es cierto que el ser humano es egoísta y piensa en qué es lo que lo motiva. Sin embargo, si no nos centráramos tanto en nosotros mismos y le dedicáramos un poco más de tiempo a quienes tenemos alrededor —familia, amigos, compañeros de trabajo—, seríamos más felices.

Hay autores que van aún más lejos, como Immanuel Kant, filósofo de finales del siglo XVIII, para quien «la felicidad, más que un deseo, alegría o elección, es un deber». Es decir, el ser humano *debe* aspirar a la felicidad, que no depende ni del destino ni de los demás, sino únicamente de uno mismo, y que viene determinada por la personalidad, por los valores y por las motivaciones de cada persona. Para Kant, cuando hacemos lo que *debemos,* estamos actuando de acuerdo a la ética y a la moral, no así cuando actuamos por intereses o deseos individuales. Actuamos correctamente porque debemos, no porque vayamos a conseguir un determinado resultado. Solo esa manera de actuar en función del deber es moralmente buena y generosa. La contraria sería individualista y egoísta.

Si, por ejemplo, rechazamos un comportamiento porque no es bueno o porque no lo hacemos con buena voluntad, estaremos actuando con principios morales. Por el contrario, si no lo hacemos o lo rechazamos por miedo a las consecuencias, nos estaríamos guiando por nuestros intereses y no por la buena voluntad. Es decir, hay que hacer el bien porque sí, no porque nos vayan a felicitar o a castigar… En esto consiste la moral. Si, por ejemplo, decido pasar la tarde con mi abuela para que no se enoje conmigo, no estaré realizando un acto de buena voluntad, sino un acto interesado. Por el contrario, si la visito porque sí, porque *quiero* hacerlo, será un acto de buena voluntad. En última instancia, son estos actos los que nos hacen dignos de ser felices o de alcanzar la felicidad.

Søren Kierkegaard, filósofo y teólogo danés del siglo XIX, uno de los fundadores de la psicología existencial, en su libro *El lirio y el pájaro,* reflexiona también sobre la felicidad y piensa que no depende de la posesión de ningún bien o de la satisfacción de ningún deseo concreto, sino que es «un sentimiento global que hace plena la existencia del hombre». Asimismo, consideraba que la angustia que siente el hombre le viene de plantearse el sentido de su propia existencia y que, por tanto, aquellas personas que dediquen tiempo a profundizar en ellas mismas tenderán a angustiarse más.

Por el contrario, para el fundador del nihilismo, Friedrich Nietzsche, que negaba la existencia de todo principio religioso, político y social, la felicidad es una pérdida de tiempo porque nunca se llega a alcanzar. Tratar de que en nuestra vida no surjan cosas, personas, situaciones que nos hagan preocuparnos no es real, porque siempre aparecerán preocupaciones. Al contrario, el objetivo de nuestra vida debería ser trabajar, tener conocimientos, hacer…, es decir, buscar un propósito, una meta, un por qué vivir y no solo un para qué vivir. Para Nietzsche, la felicidad es la fuerza vital que nos ayuda a buscar un sentido a nuestra vida, un propósito. El fin último, por tanto, no sería la felicidad, sino el propósito que perseguimos, la meta que deseamos alcanzar. Así pues, ese estado global de plenitud del que hablaba Kierkegaard en sí mismo es imposible, porque es efímero y transitorio.

«Quien tiene un porqué puede soportar cualquier cómo», dijo Nietzsche. Esta frase, además, resume a la perfección el pensamiento de Viktor Frankl (1905-1997), psiquiatra y autor de *El hombre en busca de sentido*. Frankl, que pasó tres años de su vida en varios campos de concen-

tración, logró sobrevivir al Holocausto y fundó la logotera-
pia, una forma de psicoterapia que ayuda a buscar el sentido de la existencia propia para superar nuestros malestares.
Frankl pensaba que el hombre había dejado de ponerse
metas y, como Nietzsche, estaba convencido de que la vida
sin ellas no tiene sentido. Si creemos que la felicidad es un
estado de ánimo que debemos alcanzar, nos estaremos
equivocando, porque la felicidad no es la causa, sino la consecuencia de que en nuestra vida haya metas y valores.
Debemos luchar por convertirnos en quienes de verdad
queremos ser, porque solo eso nos dará felicidad.

Obviamente, todos queremos ser felices, pero muy
pocos se atreven a afirmar que lo son o que en este momento —aquí y ahora— se sienten satisfechos con lo que tienen. Saben que surgirán nuevos desafíos y que siempre
querrán o necesitarán algo más. Por eso es importante
reflexionar sobre lo que dijo San Agustín: «No es más
pobre el que menos tiene, sino el que más necesita para ser
feliz», una idea que enlaza con esta frase tan certera del
director y productor de cine Will Smith: «Gastamos dinero
en cosas que no necesitamos para impresionar a gente a la
que no importamos».

Sigmund Freud (1856-1939) definió la salud mental
como «la capacidad de amar y de trabajar», una frase que
podría parecer obvia, incluso absurda, a no ser que reflexionemos un poco sobre su verdadero significado. Freud
entendía la felicidad como la capacidad de tener sentimientos positivos, altruistas —no egoístas— hacia los demás,

combinada con la de ser útiles a la sociedad, y no solo trabajando de manera remunerada, sino actuando y colaborando en cualquier proyecto dirigido a ayudar a los más desfavorecidos, o, sencillamente, ocupándose de las tareas del hogar y del cuidado de los seres queridos.

Esto lo hemos podido comprobar con la situación creada por la pandemia de la Covid, que nos ha hecho más conscientes de la importancia que tienen personas a las que antes apenas prestábamos atención: me refiero a los trabajadores de los supermercados, a los conductores de autobús, a los profesionales de la salud y farmacéuticos, a las cuidadoras de personas dependientes... Son trabajos que requieren tiempo, esfuerzo y dedicación. Y todo con un único propósito: conseguir que los demás estemos bien.

Hay muchas personas que, cuando llega el momento de la jubilación, creen que sus vidas han dejado de ser útiles, que han dejado de servir a la sociedad. Se sienten invisibles, aislados, apartados, como si ya no tuvieran ningún valor. Sin embargo, esas personas poseen sabiduría y experiencia, dos cualidades que la sociedad en su conjunto debería apreciar mucho más. El sentido de la vida va cambiando con el paso del tiempo y, sin duda, debe adaptarse a la realidad, pero ni mucho menos eso significa que una persona deje de tener valor cuando sale del mercado laboral. Los japoneses se han dado cuenta, y por eso valoran mucho a sus mayores, que son los que han construido la sociedad.

En definitiva, la felicidad sería ese estado en el que una persona ha logrado alcanzar el sentido de su propia existencia. Desde un punto de vista psíquico, se trata de un proceso enormemente complejo, porque la felicidad no es permanente, no es un punto fijo, sino que está en constante evolución. Como bien dijo el escritor Joseph Conrad (1857-1924), «la felicidad es un estado pasajero de locura, la felicidad es hacer lo que se desea y desear lo que se hace, la felicidad no es un sentimiento, es una decisión, la felicidad consiste simplemente en que el mundo interior de la persona esté en total armonía con el mundo exterior, la felicidad no es una estación a la que se llega, sino una forma de viajar».

## EL CONCEPTO DE ALEGRÍA EN LA HISTORIA

La alegría, a pesar de ser un sentimiento muy común, no ha sido tan estudiada como la felicidad por filósofos y antropólogos. Aun así, algunos autores de la Antigüedad intentaron explicarla, definirla y diferenciarla de la felicidad. Es el caso de Cicerón, que consideraba que «la alegría es un estado del alma que, confrontado con la posesión de un bien, no pierde su serenidad». Es decir, se trata de un sentimiento de plenitud y de disfrute que surge como respuesta a algo que ha sucedido.

Para el cristianismo, la alegría es la consecuencia de vivir todas las demás virtudes, como la fortaleza, la templanza, la justicia y la prudencia, sin olvidar la fe, la esperanza y la caridad. Así, el *Pastor de Hermas,* uno de los primeros escritos cristianos (siglo II), señala que «todo hombre alegre obra el bien, piensa el bien y desprecia la tristeza. Pero el hombre triste obra el mal». Por su parte, Tomás de Aquino, en su tratado sobre las pasiones recogido en el libro *Suma Teológica,* considera que la alegría es un sentimiento que puede ser racionalizado. Únicamente el ser humano es capaz de experimentar alegría, a diferencia de los animales, que solo experimentan placer. Por ello, él relaciona la alegría con una de las virtudes teologales, quizá con la más importante, que es la caridad, que consiste en amar a Dios sobre todas las cosas y al prójimo como a nosotros mismos. Por tanto, para santo Tomás, la alegría está directamente conectada con el amor verdadero, con el amor desinteresado a los otros.

Pero la alegría también se relaciona con otro sentimiento clave de la existencia: la esperanza. Así lo explicó Pedro Laín Entralgo en su ensayo de 1967 *La espera y la esperanza:*

> Cualesquiera que sean la índole de aquello que se espera y la interpretación teórica del hecho de esperar, nadie podrá negar que la esperanza entendida, en una primera aproximación, como la agridulce necesidad de vivir esperando, es uno de los hábitos que más profundamente definen y constituyen la existencia humana.

René Descartes, filósofo y matemático del siglo XVI, dedicó bastante tiempo a estudiar las emociones. En su tratado *Las pasiones del alma* distinguía seis emociones básicas: el amor, el odio, el deseo, la alegría, la tristeza y el asombro, y destacaba:

La alegría es una especie de gozo que tiene en particular el que su dulzura aumentó con el recuerdo de los males que se han sufrido y de los que uno se siente aliviado, del mismo modo que si se sintiera descargado de un pesado fardo que durante largo tiempo hubiera cargado sobre sus espaldas.

En el siglo XVII, Baruch Spinoza, filósofo de origen holandés, consideraba que la alegría era una de las tres emociones básicas, junto con la tristeza y el deseo, y que los demás sentimientos que experimentamos no son sino formas de alegría o de tristeza. Así, por ejemplo, el amor y la esperanza derivarían de la alegría, mientras que la ira y la rabia lo harían de la tristeza. Por su parte, Gottfried Leibniz, filósofo alemán, distinguía entre dos tipos de alegría: el primero sería la capacidad de disfrutar y el disfrute en sí (el *gaudium),* mientras que el segundo, mucho más terrenal, se refiere a ese sentimiento que se produce cuando conseguimos algo (la *laetitia).*

En este punto debemos diferenciar entre estar contento —cuando, por ejemplo, se consigue algo muy deseado— y estar alegre. Una persona está contenta cuando se siente conforme con lo que sucede y no busca más. Por el contrario, estar —ser— alegre es una forma de mirar el mundo que puede condicionar nuestro estado de ánimo, ya que nos inunda y nos domina. Por ello, cuando hablamos de que una persona *es* alegre nos estamos refiriendo a un rasgo de la personalidad que hace que esa persona tenga una tendencia natural a responder positivamente a lo que le sucede

A finales del siglo XVIII, el poeta Friedrich von Schiller escribió la *Oda a la alegría,* un bello poema que sirvió de base para la *Novena sinfonía* de Beethoven y que, desde 1972, es el himno de la Unión Europea, ya que se considera que reúne los valores por los que se fundó:

¡Alegría, hermoso destello de los dioses
hija del Elíseo!
Ebrios de entusiasmo entramos,
diosa celestial, en tu santuario.
Tu hechizo une de nuevo
lo que la acerba costumbre había separado;
todos los hombres vuelven a ser hermanos
allí donde su suave ala se posa.

Aquel a quien la suerte ha concedido
una amistad verdadera,
quien haya conquistado a una hermosa mujer,
¡una su júbilo al nuestro!

Aún aquel que pueda llamar suya
siquiera a un alma sobre la tierra.
Mas quien ni siquiera esta haya logrado,
¡que se aleje llorando de esta hermandad!
Todos beben de alegría
en el seno de la Naturaleza.
[…]
Búscalo más arriba de la bóveda celeste.
¡Sobre las estrellas ha de habitar!

Como vemos, la alegría es un sentimiento o una emoción agradable que se produce por un acontecimiento positivo, pero también es un rasgo de la personalidad, una disposición vital que hace que las personas alegres tiendan a ser optimistas y a ver el lado bueno de las cosas. Después de décadas estudiando las emociones —sobre todo la alegría y la tristeza—, he llegado a la conclusión de que esa disposición vital puede modificarse; es decir, podemos aprender a ser alegres y convertir ese rasgo en nuestra forma de ser. Todos podemos buscar experiencias que nos produzcan alegría, bienestar o gozo, pero, además, podemos buscar *ser* alegres, destacando siempre el lado positivo de lo que nos sucede, sean grandes acontecimientos o pequeños sucesos cotidianos a los que, por lo general, casi nunca prestamos atención. Porque, en efecto, la alegría se puede buscar y se puede encontrar.

## 2
## LA ALEGRÍA: ¿SENTIMIENTO, EMOCIÓN O PENSAMIENTO?

Definir un sentimiento es muy complejo, porque siempre es algo subjetivo. Encontrar las palabras adecuadas para expresar lo que sentimos en un momento determinado no es una tarea sencilla, ya que, por lo general, experimentamos varios sentimientos a la vez y todos ellos son subjetivos y únicos. No todos sentimos lo mismo ante las mismas situaciones, por lo que el sentimiento siempre dependerá de otros factores, como el estado de ánimo o las circunstancias personales o sociales.

Tradicionalmente, han sido los filósofos y los escritores —más que los neurocientíficos o los médicos— quienes se han dedicado al estudio de los sentimientos y de las emociones. Por ejemplo, para el ya citado René Descartes, uno de los padres de la filosofía moderna, los sentimientos eran consecuencia de los pensamientos o de la razón. Su «pienso, luego existo» implica que, para él, el ser humano es fundamentalmente racional, un ser pensante, y definió los sentimientos como «pensamientos confusos». Por tanto, el ser humano siempre intentará entenderlos desde el pensamiento. Y no le faltaba razón al filósofo francés, porque, generalmente, nos pasamos la vida racionalizando los sentimientos. Si, por ejemplo, fallece un ser querido, intentaremos entender lo sucedido, y si la muerte se produjo tras una larga enfermedad, para la que se necesitaron tratamientos con importantes efectos secundarios, nos diremos algo como «por lo menos, dejó de sufrir». Por el contrario, si falleció de manera repentina, encontraremos consuelo pensando que no se pudo hacer nada o, sencillamente, que «era su día». Y si la muerte fue causada por un accidente, es probable que pensemos: «Esas cosas pasan; es injusto, pero le tocó».

Sin embargo, ha habido otros filósofos que pensaron lo contrario. Para Blaise Pascal, filósofo y matemático del siglo XVII, los sentimientos son lo más importante del ser humano, precisamente porque no se pueden racionalizar y porque conforman nuestras vivencias incluso antes de pasar por la razón. En su libro *Pensamientos,* Pascal explica:

Las razones vienen después de que algo me agrade o desagrade sin saber por qué. Ese algo me disgusta por razones que solo descubro después. Pero no creo que algo me disguste por las razones que descubro después, sino que encuentro razones porque el hecho me había disgustado.

Pascal también era teólogo y consideraba que solo se podría creer en Dios desde el corazón y no desde la razón.

Planteó su famosa «apuesta» para demostrar la existencia de Dios de la siguiente manera:

> Si crees en Dios y no existe, no pierdes nada; si no crees en él y existe, lo pierdes todo. Si crees y existe, lo ganas todo, y si no crees y no existe, no pierdes nada. Por tanto, lo más lógico es creer.

Fue a finales del siglo XIX cuando comenzó a extenderse la idea de que el ser humano no solo es un ser racional, sino, además, sentimental. Friedrich Nietzsche y Sigmund Freud fueron de los primeros en poner en valor la importancia de los aspectos no racionales del ser humano. Décadas después, Kurt Schneider (1887-1967), psiquiatra alemán, fundador de la psicopatología y famoso por establecer los criterios diagnósticos de la esquizofrenia, definió los sentimientos como «estados del yo que se vivencian directamente como agradables o desagradables», una definición que, en mi opinión, es la más acertada. La rabia, la ira o, quizá, la envidia o la culpa se vivencian como desagradables, mientras que la alegría o la serenidad son agradables. Además, debemos tener en cuenta que esos estados de ánimo no son únicos y que, como ya dijimos, podemos tener varios sentimientos al mismo tiempo, aunque uno predomine sobre los demás.

El filósofo alemán Max Scheler (1874-1928) también se dedicó al estudio de los sentimientos y los clasificó en cuatro grandes grupos: sensoriales, vitales, anímicos y espirituales. El hambre, la sed o el dolor son *sentimientos senso-riales,* porque se localizan en un lugar concreto del cuerpo. Cuando tenemos hambre, notamos una molestia en la boca del estómago, y cuando tenemos sed, sentimos la boca seca. Los *sentimientos vitales* se refieren a cómo nos encontramos con nosotros mismos en un momento determinado. Destacan tres: el humor, las ganas y el gusto. El humor es el sentimiento vital por excelencia, ya que nos motiva o nos desmotiva, nos impulsa a la acción o nos impide llevarla a cabo. Como vemos, no estamos hablando del sentido del humor, sino del humor entendido como voluntad y vitalidad (como cuando decimos «no estoy de humor»). Otro sentimiento vital son las ganas, entendida como el deseo de hacer algo. Podemos tener ganas de trabajar, de no hacer nada, de descansar, de ver a alguien... Es un sentimiento que indica intencionalidad y motivación. Y, por último, el gusto, entendido como apetencia.

Los *sentimientos anímicos* nos informan de cómo nos encontramos respecto al mundo; es decir, son provocados por algo que nos sucede y determinan cómo vamos a reaccionar, ya que implican una valoración de la situación. Si un suceso nos entristece, la tristeza significa que le concedemos valor al hecho, pues de lo contrario nos dejaría indiferentes.

Pero Scheler fue aún más lejos e hizo otra subdivisión de sentimientos: de estado, valorativos, de estimación ajena y de estimación propia. Entre los principales *sentimientos de estado* se encuentran la alegría, la tristeza y la ansiedad.

El agrado, el interés o el aburrimiento serían *sentimientos valorativos,* mientras que la vergüenza, la culpa o el orgullo serían *sentimientos de estimación propia* (indican cómo nos valoramos a nosotros mismos ante algo que sucedió). Por último, el amor, la confianza o el odio serían *sentimientos de estimación ajena.*

Finalmente, el cuarto grupo lo forman los *sentimientos espirituales,* que se parecen a los anímicos en el sentido de que informan de cómo estamos respecto al mundo, aunque en este caso tienen un carácter absoluto porque se relacionan con nuestros valores y creencias: reflejan un modo de ser y de entender nuestra propia existencia y la de los demás.

## DIFERENCIAS ENTRE EMOCIÓN Y SENTIMIENTO

Una emoción se produce como respuesta a algo y, además de por su intensidad, se caracteriza porque va acompañada de reacciones corporales, como temblores, palpitaciones, sudoración, lágrimas, etc. Es decir, cuando nos emocionamos, nuestro cuerpo responde y «actúa». Las emociones desagradables son las que solemos percibir con más intensidad, porque, por lo general, nos provocan ansiedad o angustia. Por ello debemos aprender a controlarlas o a modularlas, valorándolas en función de la propia experiencia y creando hábitos que eliminen los efectos más desagradables.

Hay varias teorías que explican qué son las emociones: la primera es la de James-Lange, propuesta por el psicólogo estadounidense William James y el médico danés Carl Lange a finales del siglo XIX. Para ellos, la emoción deriva de la percepción de las sensaciones fisiológicas, como los cambios de ritmo cardíaco, la presión arterial, etc. Algo así como «no lloro porque tengo pena, sino que tengo pena porque lloro». Es decir, si algo nos pone tristes, comenzaremos a llorar y, posteriormente, nuestro cerebro identificará la emoción. Sin embargo, esta teoría se encontró con el problema de que las reacciones fisiológicas que aparecen ante diferentes estímulos pueden ser parecidas —podemos llorar de alegría o de pena, y notar palpitaciones o taquicardia ante situaciones agradables o desagradables—, lo que llevó a los fisiólogos Bradford Cannon y Philip Bard a desarrollar, en 1920, la teoría contraria. Para ellos, las emociones y las reacciones que estas producen en nuestro organismo son simultáneas. Es decir, cuando sucede algo que nos provoca una emoción, se activan dos vías o circuitos cerebrales; uno dirigido a la corteza cerebral, que nos permite evaluar el acontecimiento, y otro que va a zonas más profundas del cerebro, como el tálamo y el hipotálamo, que es donde se regulan las respuestas fisiológicas. Cannon y Bard pensaban que si la interpretación de las respuestas fisiológicas era el origen de la emoción, no seríamos capaces de distinguir las emociones agradables de las desagradables, pues, como vemos, las respuestas que provocan en nuestro organismo son las mismas o muy similares.

Posteriormente, los psicólogos Stanley Schachter y Jerome Singer desarrollaron otra teoría que dice que las emociones aparecen después de la evaluación cognitiva del acontecimiento que la desencadena y de las reacciones corporales. Por ejemplo, sabemos que algo nos da rabia y, como consecuencia de esa rabia, el organismo se agita, se tensa y aparecen distintas reacciones —como las palpitaciones—, cuyo propósito es expresar esa rabia. A día de hoy, esta teoría está siendo revisada porque sabemos que las emociones se producen unos milisegundos *antes* que la actividad cerebral que nos permite evaluar el acontecimiento.

Existe otra teoría que permite explicar, al menos parcialmente, las emociones y las respuestas que el organismo da a esos acontecimientos o situaciones que las provocan. Es la teoría del *feedback* facial, que considera que las expresiones faciales son las que condicionan la emoción. Por ejemplo, si vemos a personas riéndose a nuestro alrededor, pensaremos que algo alegre ha sucedido y eso provocará la respuesta en nuestro organismo. Si vamos caminando por un bosque y aparece un animal que nos enseña los dientes, sentiremos miedo; si, por el contrario, nos mira con calma y sigue su camino, nosotros estaremos tranquilos. Según este ejemplo, es evidente que la expresión facial del animal es la que provoca una respuesta emocional en nosotros.

Esta teoría, además, puede tener un sentido práctico. Cambiando o condicionando nuestras expresiones faciales podemos modular las emociones. En castellano tenemos un refrán que lo explica muy bien: «A mal tiempo, buena cara». Si tenemos problemas o estamos atravesando una situación complicada y, sin embargo, sonreímos, nos parecerá que todo va mejor y podremos hacer una evaluación más positiva. El hecho de sonreír disminuirá la tensión, mientras que, al contrario, si fruncimos el ceño, puede aumentar. Si nos miramos al espejo durante unos minutos y sonreímos, mejoraremos nuestro estado de ánimo, nos encontremos mejor y la respuesta fisiológica del organismo irá dirigida a lograr nuestro bienestar: se liberarán endorfinas y se incrementará la confianza en nosotros mismos, lo que hará que nos relacionemos mejor con los demás.

La existencia de todas estas teorías sobre las emociones refleja las dificultades que existen para reconocerlas, así como las que filósofos, psicólogos y neurocientíficos encuentran para delimitar lo que es racional y lo que no lo es. En mi opinión, el «pienso, luego existo» de Descartes es un axioma incompleto. Debería ser «me emociono, pienso y siento, luego existo», frase del profesor Tomás Ortiz, catedrático del Departamento de Medicina Legal, Psiquiatría y Patología de la Universidad Complutense y director e investigador principal de muchos de mis proyectos.

Así pues, las diferencias entre emoción y sentimiento tienen que ver no solo con el estado psicológico que nos produce un hecho determinado, sino con la manera en que nuestro cuerpo reacciona ante ese hecho. Por ello es importantísimo prestar atención a las respuestas corporales, porque si las analizamos e interpretamos de manera adecuada, lograremos identificar y responder de manera óptima a una situación por muy compleja que sea.

Nuestro cuerpo nos envía señales continuamente y muchas veces nos pasan desapercibidas. Si, por ejemplo, llevamos varios días sin dormir bien y nos sentimos tensos e irritables, e incluso nos parece que nos falta el aire, será señal de que nuestro cuerpo no está bien, que debemos relajarnos y cambiar de tarea —como dicen en los toros, «parar y templar para luego poder mandar»— y así ser capaces de continuar. Si no prestamos atención a estas señales, estaremos sometidos a un estado de estrés crónico, que puede desembocar en un trastorno de ansiedad que nos paraliza, nos domina y no nos permite hacer lo que queremos hacer. Esto, además, nos provocará irritabilidad, frustración e incluso desesperanza.

## NUESTRAS EMOCIONES CONDICIONAN NUESTRO PENSAMIENTO

Las emociones son fundamentales en el proceso de pensamiento. Nuestros pensamientos no son puramente racionales, sino que el cómo nos sentimos en un momento determinado condiciona nuestra manera de pensar, nuestra manera de interpretar la realidad y nuestra toma de decisiones.

San Ignacio de Loyola lo expresó muy bien en su famosa frase «en tiempos de desolación, no hacer mudanzas». Si estás triste o angustiado, lo mejor es no tomar decisiones, porque esos sentimientos condicionarán tu decisión. Sucede lo mismo si estamos muy contentos. Así pues, las emociones, además de informarnos de cómo estamos y provocarnos sentimientos, condicionan la manera de resolver los problemas y de enfrentarnos a la realidad. Aparte de estar vigilantes ante los mensajes que nos envía el cuerpo (tensión, sudoración, palpitaciones...), no podemos olvidar que, si la emoción es muy intensa —para bien o para mal—, nuestra manera de pensar y de actuar se verá afectada por ese «exceso». Por ejemplo, si un día llegamos al trabajo y nuestro jefe nos felicita por lo bien que hemos redactado un informe en el que habíamos trabajado mucho, como es lógico nos pondremos muy contentos, y si al llegar a casa nos enteramos de que uno de nuestros hijos no ha hecho la tarea quizá no lo regañemos porque estaremos tan extremadamente satisfechos con nosotros que aunque sepamos que debemos exigirle que cumpla con su tarea no lo haremos, pero si, por el contrario, llegamos al trabajo y nuestro jefe nos dice que el informe no es suficiente, que no le gusta, nos pondremos tristes o nos angustiaremos y quizá al llegar a casa regañaremos de manera injusta a nuestro hijo, porque no seremos capaces de evaluar la realidad con objetividad al estar tan angustiados o demasiado alegres. Es un ejemplo sencillo o quizá algo simple, pero demuestra que nuestras emociones pueden afectar a nuestro proceso de pensar.

Muchas de nuestras decisiones son emocionales y no racionales. Esto lo saben bien los que se dedican al *marketing*. Hace unos veinte años se acuñó el término «neuromarketing» para referirse a una especialidad dirigida a analizar qué factores emocionales condicionan nuestras decisiones y qué nos lleva a comprar o a consumir un producto determinado. Las técnicas de esta disciplina se aplican cada vez más, y en todos los ámbitos: cuando aceptamos las famosas *cookies,* estamos informando de nuestros gustos y, por eso, cuando encendemos la computadora, nos aparecen anuncios relacionados con algún producto que adquirimos con anterioridad.

Esto es algo que también podemos observar en los distintos establecimientos en los que entramos para comprar algún producto. Si se trata de una tienda de ropa juvenil, se escuchará una música actual y moderna, mientras que en un supermercado oiremos unas melodías más lentas para que vayamos con calma y compremos más alimentos, que, por cierto, también están colocados para que nos fijemos en los más caros.

## ¿Qué es el pensamiento?

Pero ¿qué entendemos por «pensar»? ¿Dónde se genera el pensamiento? «Pensar» deriva del latín *pensare,* que significa pesar, examinar, apreciar. Sin embargo, en griego, ese sentido lo expresaba la palabra *logos,* que también puede traducirse por «palabra» o «lenguaje», ya sea verbal o corporal. O sea, que decir y pensar eran lo mismo para los griegos.

Timothy Crow (1938), psiquiatra inglés de reconocido prestigio que se ha dedicado a la investigación de la esquizofrenia, decía hace no muchos años que «la esquizofrenia es el precio que pagamos los seres humanos por tener lenguaje». Y no le falta razón, porque la esquizofrenia es una enfermedad en la que se producen, entre otros síntomas, alteraciones del curso y del contenido del pensamiento e ideas delirantes —irrebatibles a la argumentación lógica— que solo podemos conocer a través del lenguaje. De hecho, los animales no son capaces de delirar, como tampoco lo son de fantasear o de imaginar.

El *Diccionario* de María Moliner define «pensar» como «el proceso por el cual la mente se dedica al examen de una opinión o a tomar una resolución». Pensar, por tanto, sería la habilidad para resolver problemas mediante la toma de decisiones y acciones concretas. Para ello se requieren varias habilidades, como la atención, la capacidad de abstracción, la formulación de estrategias, la flexibilidad cognitiva y la evaluación de las respuestas, lo que actualmente se conoce como *funciones ejecutivas,* que controlan y regulan la conducta para que sea organizada. Lo vemos reflejado en la famosa estatua de Auguste Rodin *El pensador:* el pensamiento incluye no solo la capacidad de generar ideas, sino también de evaluarlas, de sopesarlas y analizarlas.

Lo cierto es que siempre estamos pensando en algo y, aunque no lo parezca, es muy difícil dejar de pensar. Solo podemos hacerlo cuando aprendemos a relajarnos o a concentrarnos en otra tarea —por ejemplo, en la respiración o en la repetición de un mantra o de una oración—. El *mindfulness,* que tanto éxito ha tenido como técnica de relajación, hace que nos concentremos en lo que estamos viendo o sintiendo en el momento presente parar dejar de pensar y apartar la angustia.

Pero pensar es también la *habilidad para resolver problemas,* que se desarrolla en forma de un flujo de ideas, símbolos y asociaciones que surge ante un problema determinado o una tarea, y cuya finalidad es la toma decisiones y acciones concretas. Este proceso requiere de la modulación y del control de las rutinas cognitivas más fundamentales —es lo que se conoce como *función ejecutiva del pensamiento*—, asignando prioridades, estableciendo metas y estrategias y siendo flexibles para poder modificarlas en función de los resultados. A su vez, en la toma de decisiones se produce una interacción entre la emoción, la atención, la memoria y los procesos cognitivos, y es esa conjunción la que nos permite razonar y resolver problemas.

Ahora bien, el componente emocional es clave en la toma de decisiones, pues influye en la valoración de las diferentes respuestas y en sus consecuencias. Así, las personas que tienen alterado el funcionamiento de su lóbulo frontal por un traumatismo, un tumor o porque padecen una demencia pueden presentar un razonamiento adecuado, pero son incapaces de realizar ese proceso emocional que permite valorar los planteamientos y las consecuencias sociales o emocionales.

El pensamiento no es fácil de definir ni de entender. En realidad, se trata de un proceso complejo en el que interviene no solo la parte racional de la persona, sino también la parte emocional. En 2011, el psicólogo estadounidense-israelí Daniel Kahneman publicó *Pensar rápido, pensar despacio,* donde desafía el supuesto de la racionalidad humana que prevalece en la teoría económica moderna. Para él existen dos formas de pensamiento: el pensamiento rápido, automático, instintivo y emocional, que nos permite ser intuitivos, y el pensamiento lento, más reflexivo y lógico, que nos permite tomar decisiones finales basadas en el análisis real de las situaciones después de controlar las intuiciones.

Para Kahneman, el cerebro humano consta de un cerebro emocional y otro racional, y es esa combinación de funciones la que explica la relación que existe entre pensamientos y sentimientos:

La región más primitiva del cerebro es el tronco encefálico, que regula las emociones básicas, como la respiración o el metabolismo, y puede compararse con todas las especies que tengan sistema nervioso. En este cerebro primitivo emergieron los centros emocionales que, millones de años más tarde, dieron lugar al cerebro pensante: el neocórtex. El hecho de que el cerebro emocional sea muy anterior al cerebro racional, y que este sea una derivación de aquel, revela con claridad las auténticas relaciones entre pensamiento y sentimiento.

El segundo tipo de pensamiento —el más reflexivo— es el adecuado para la toma de decisiones y la resolución de problemas, aunque Kahneman destaca la utilidad del primero, más intuitivo, porque se relaciona directamente con la creatividad y la espontaneidad. De alguna manera, es la combinación de ambos la que utilizamos, si bien casi siempre prevalece un tipo u otro. Lo que Kahneman pretende subrayar es que las emociones que sentimos en un momento dado siempre condicionan nuestra toma de decisiones y apunta que existen sesgos cognitivos que se repiten y que vienen determinados porque interpretamos los datos o los hechos desde un pensamiento más emocional que reflexivo. Por ejemplo, si un médico nos dice que las probabilidades de supervivencia tras una intervención son de un 90 %, probablemente nos sentiremos tranquilos y confiados. Sin embargo, si nos dice que la tasa de mortalidad de esa intervención es del 10 %, que en realidad es lo mismo, sentiremos angustia y desconfianza.

## TIPOS DE INTELIGENCIA

Relacionada con el pensamiento, con la capacidad para reconocer sentimientos propios y ajenos, y con la habilidad para resolver problemas está la inteligencia, que es la capacidad que tenemos para adquirir conocimientos, razonar y tomar decisiones. La inteligencia nos permite, además, formar conceptos y realizar operaciones mentales.

El antropólogo y biólogo estadounidense Gregory Bateson (1904-1980) definió la teoría de la mente como la capacidad que tenemos de reflexionar sobre nosotros mismos y sobre los demás, así como la de comprender nuestros sentimientos y los de otros. Desde un punto de vista evolutivo, esta capacidad se adquiere alrededor de los cuatro años, aunque ya con un año o año y medio somos capaces de reconocernos a nosotros mismos en un espejo e identificar deseos e intenciones. Este proceso está relacionado con el concepto más actual de lo que sería la inteligencia, que nada tiene que ver con el cociente intelectual.

En 1983, el científico norteamericano Howard Gardner publicó *Inteligencias múltiples. La teoría en la práctica,* donde explica que la capacidad de comprenderse a uno mismo y de conocer los sentimientos y las motivaciones de los demás era un aspecto clave que debía recogerse en el concepto de inteligencia. Así, a la comprensión de uno mismo la llamó *inteligencia intrapersonal,* y al conocimiento y reconocimiento de los sentimientos de otros lo llamó *inteligencia interpersonal* (hablaremos de ellas un poco más adelante). Gardner piensa que la función principal de la inteligencia es la de adaptarnos al medio a través de diferentes habilidades que nos permiten resolver problemas concretos. Gardner hizo una primera clasificación dividiendo la inteligencia en tres grandes grupos: inteligencia musical, inteligencia cinético-corporal e inteligencia lógico-matemática.

Ludwig van Beethoven es un buen ejemplo de persona dotada de *inteligencia musical.* Comenzó a componer y a interpretar desde muy joven, y no lo hacía de manera espontánea, sino que anotaba la notas, el *tempo* y, cuando estaba seguro, la interpretaba. Esa técnica le permitió seguir componiendo a pesar de su sordera, siendo capaz de transmitir sus emociones a través de la música.

La *inteligencia cinético-corporal* es la de los deportistas. Un claro exponente sería el tenista Rafa Nadal, el primero en conseguir 21 Grand Slams. Comenzó a jugar al tenis a los tres años, aunque el futbol tampoco se le daba nada mal. Desde pequeño mostró esa habilidad innata para el deporte de la raqueta; lo hacía con las dos manos, quizá con más fuerza con la izquierda, por lo que su tío y entrenador Toni Nadal, creyendo que era zurdo, le enseñó a jugar con esa mano, cuando, en realidad, era ambidiestro. Tenía doce años cuando ganó el torneo de las Islas Baleares, lo que lo llevó a decantarse definitivamente por el tenis, un deporte en el que, sobre todo, destaca su fortaleza psíquica y su extrema habilidad para adaptarse al juego del contrincante.

Como ejemplo de *inteligencia lógico-matemática* destaca el matemático norteamericano John Forbes Nash (1928-2015), que recibió el premio Nobel en el año 1994 por su teoría de los juegos y los procesos de negociación. Desde muy pequeño demostró una gran habilidad para las matemáticas, aunque muy pronto, mientras estudiaba en la Universidad de Princeton, comenzó a desarrollar los primeros síntomas psicóticos de la enfermedad mental que padecía: la esquizofrenia. En 2001, Nash vino a Madrid como invitado al Congreso de Psiquiatría que organizó la Fundación Juan

José López-Ibor. En su intervención habló principalmente del estigma de la enfermedad mental, tras lo cual mi padre, el profesor Juan José López-Ibor, le preguntó: «¿Cómo es posible que usted, que tiene una mente tan clara, pudiera creerse sus ideas delirantes?». John Nash contestó: «Porque me venían a la cabeza con la misma sensación de certeza que las ideas reales y no podía diferenciarlas».

Para quienes nos dedicamos a la psiquiatría, la vida de John Nash nos permite explicar la enfermedad mental y, sobre todo, combatir el estigma que va asociado a ella. Que una persona que padece esquizofrenia llegue a ganar un premio Nobel es un hecho singular que da mucho que pensar. No hay duda de que Nash tenía una inteligencia matemática excepcional, lo que lo llevó a desarrollar la ya mencionada teoría de los juegos, que permitió una importante transformación en la manera de trabajar de numerosas organizaciones empresariales. La base de la teoría de Nash es que cada miembro no solo tiene que hacer su trabajo de la mejor manera posible, sino que, además, debe tener en cuenta el trabajo de los demás. Es decir, la colaboración —sin interferir— es la clave para alcanzar un resultado óptimo. A mis alumnos de la Facultad de Medicina les pido que apliquen la teoría de juegos cuando trabajan en grupo; es decir, tienen que preparar su parte, pero siempre teniendo en cuenta lo que hacen los otros para no repetirse y no ser un obstáculo los unos para los otros.

Las investigaciones realizadas en el campo de la neurociencia han demostrado que el desarrollo de ciertas áreas o circuitos cerebrales viene determinado por nuestros genes, pero también por el ambiente. Por ejemplo, se sabe que en el lóbulo parietal la influencia genética es muy importante, lo que explica que, muy habitualmente, los hijos de padres ingenieros sean también ingenieros —se les dan bien las matemáticas y la física—. Por el contrario, el lóbulo temporal recibe menos influencia de la genética, y es el que está implicado en los procesos de aprendizaje, muy relacionados con nuestra actividad y con el ambiente, y, por último, las funciones de planificación y toma de decisiones se producen en la corteza frontal, donde la influencia de la genética es también menor que la del ambiente.

Probablemente, Miguel de Cervantes tenía una gran inteligencia lingüística, pues, de lo contrario, el *Quijote* no sería uno de los libros más leídos, estudiados y analizados de la Historia. Y, sin duda, el gran arquitecto Antonio Gaudí tenía una gran inteligencia espacial; manejaba como nadie el volumen y las formas, y apenas realizaba planos, porque prefería hacer maquetas tridimensionales o improvisar.

*Inteligencia intrapersonal e inteligencia interpersonal*

Pero volvamos a Howard Gardner y a su mayor descubrimiento, que fue el de hallar dos tipos de inteligencia clave para entendernos y entender el mundo que nos rodea. Me refiero a las inteligencias intrapersonal e interpersonal, que se relacionan con la empatía y el autoconocimiento.

Las personas que son capaces de reconocer adecuadamente los sentimientos y los pensamientos de los demás poseen inteligencia interpersonal, mientras que las que reconocen sus propios sentimientos tienen inteligencia intrapersonal. Por tanto, la inteligencia intrapersonal es la capacidad de conocerse bien a uno mismo, lo que requiere autodisciplina, estimación propia y, sobre todo, capacidad de introspección. Ese tipo de inteligencia permite corregir comportamientos que no nos convienen, y las personas que la poseen de una manera destacada son capaces de tomar decisiones adecuadas.

La madre Teresa de Calcuta sería un buen ejemplo de persona en la que destacaba su inteligencia interpersonal. Dedicó su vida a los más pobres y nos dejó frases que demuestran no solo su enorme capacidad de empatía —ponerse en el lugar del otro—, sino su compasión, entendida como el acto de acompañar al otro en su sufrimiento. Ella nos dijo: «Para conquistar al mundo no se necesitan ni guerras ni cañones, solo hace falta amor y compasión» o «El que no vive para servir, no sirve para vivir».

Un buen exponente de persona que supo combinar los dos tipos de inteligencia es el actor y director de cine Charles Chaplin, que era capaz de comunicar sentimientos y emociones sin necesidad de recurrir al lenguaje verbal, porque todo el mundo entendía lo que quería transmitir. En una ocasión, Chaplin coincidió con Albert Einstein, que llegó a decirle: «Lo que admiro de usted es que su arte es universal, todo el mundo lo comprende». A lo que Chaplin replicó: «Lo que yo admiro de usted es que todo el mundo lo admira y muy pocos lo comprenden».

## Inteligencia emocional

En 1995, el psicólogo y periodista norteamericano Daniel Goleman publicó un libro fundamental titulado *La inteligencia emocional,* que definió como la capacidad de controlar nuestros impulsos, de motivarnos, de perseverar en nuestras acciones a pesar de las frustraciones, de ser capaces de posponer las recompensas, de regular nuestros estados de ánimo y de empatizar y confiar en los demás. Dicho de otro modo: es la forma inteligente de interactuar teniendo en cuenta las emociones y los sentimientos.

Para tener inteligencia emocional se requieren varias capacidades: la de reconocer los propios sentimientos en el momento en que los sentimos; la de controlar y gestionar emociones, como la ansiedad, la angustia, la ira o la euforia, y la de adaptarse a las situaciones estresantes. Además, es fundamental la capacidad de automotivación y de motivar a los demás, pues se ha demostrado que las personas con una buena inteligencia emocional tienen grandes dotes de liderazgo.

La inteligencia emocional, que puede mejorarse o adquirirse con entrenamiento, permitirá que quienes nos rodean se encuentren a gusto y confíen en nosotros, ya que seremos capaces de empatizar y de identificar emociones negativas y positivas, tanto en nosotros mismos como en los demás. Las personas que poseen inteligencia emocional reflexionan sobre cómo se sienten y no responden de manera precipitada, por lo que su valoración de una situación concreta siempre será más profunda y global, lo que permitirá resolver adecuadamente los dilemas que se les presenten.

# 3
## LA NEUROCIENCIA Y LAS EMOCIONES

El principal desafío de la neurociencia actual es entender los mecanismos cerebrales responsables de los niveles superiores de la actividad mental humana, como la conciencia de uno mismo, el pensamiento, los sentimientos, etc., tanto en la salud como en la enfermedad.

En el año 1997, la psiquiatra norteamericana Nancy C. Andreasen nos habló del cerebro, de la mente y de la neurociencia, destacando la complejidad de la actividad cerebral:

> La neurociencia ha permitido que la psicología médica y la psiquiatría vuelvan a preocuparse por el cerebro como un órgano, el órgano más importante, complejo y desconocido del ser humano.

A día de hoy, los conceptos de mente y cerebro son inseparables. Podríamos decir que la actividad mental es el cerebro en acción, lo que significa que las funciones de la mente, desde las más simples a las más complejas, son la expresión de la actividad cerebral, es decir, tienen una base biológica.

Gracias a la neurociencia y a las nuevas técnicas de análisis de la imagen, ya se puede localizar el lugar de la actividad cerebral que crea una experiencia y un comportamiento específicos, y también sabemos que las alteraciones del pensamiento, del ánimo o del comportamiento aparecen cuando la actividad del cerebro se encuentra modificada o alterada.

## LOS CIRCUITOS CEREBRALES

Desde los primeros estudios anatómicos realizados por Andrés Vesalio en el siglo XVI, se consideraba que el cerebro funcionaba por áreas, que eran las responsables de cada una de las funciones. Joseph Gall (1758-1828), fundador de la frenología, pensaba que había veintisiete áreas diferentes y que, tocando la cabeza de un individuo, podía saber sus preferencias o rasgos de personalidad. De ese modo, afirmaba, podía predecir si un niño sería un buen político o si una madre sería o no cariñosa. Poco después se descubrió que esto no era así y que el cerebro no está dividido en compartimentos estancos, sino que todas sus áreas están interrelacionadas. En los años noventa del siglo XX —la «década del cerebro»—, los neurocientíficos empezaron a describir los circuitos y sistemas implicados en las diferentes funciones.

Así, por ejemplo, se describió en qué consiste el circuito de recompensa, que está formado por un área del tronco del encéfalo, llamada área tegmental ventral, que interviene en la modulación de las respuestas que damos ante un estímulo gratificante; el sistema límbico, que se relaciona con nuestras emociones, pero también con el apetito y la sexualidad, y la corteza prefrontal, que, como ya dijimos, es el área del cerebro en la que se integran las motivaciones y los deseos, y donde se planifican tanto las conductas como las respuestas. Este circuito es fundamental para la supervivencia humana, ya que proporciona la motivación necesaria tanto para la realización de acciones como para adaptar comportamientos, permitiendo preservar al individuo y a la especie. Sabemos que hay sustancias, como el alcohol y las drogas, y ciertos comportamientos adictivos, como el juego, que pueden alterar este circuito haciendo que esté permanentemente activado, lo que impide a la persona liberarse del comportamiento adictivo.

Los primeros estudios sobre las áreas cerebrales implicadas en las emociones se centraron en el sistema límbico. Esos estudios partían de las teorías de Cannon y Bard, que pensaban que los impulsos nerviosos generados por los acontecimientos emocionales llegaban al tálamo, una pequeña estructura en mitad del cerebro, situada por encima de la corteza cerebral, que siempre se ha considerado un puente entre las diferentes áreas del cerebro. Dicho en

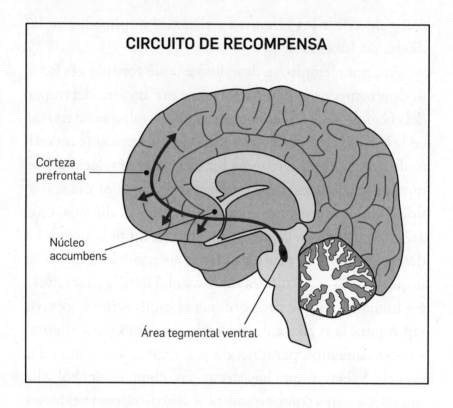

**CIRCUITO DE RECOMPENSA**

Corteza prefrontal

Núcleo accumbens

Área tegmental ventral

pocas palabras: el tálamo es el lugar al que llega la información que recibimos a través de los sentidos, donde se procesa esa información sensorial y donde se decide lo que es importante y lo que no lo es. Lo importante se enviará posteriormente a otras partes del cerebro, como la corteza cerebral, que es la que nos permite ser conscientes de la experiencia emocional, o el hipotálamo, que hace que la respuesta fisiológica se produzca.

La corteza cerebral está formada por diferentes capas de neuronas —la sustancia gris— que cubren los hemisferios cerebrales. Esas capas neuronales nos permiten desarrollar las funciones mentales superiores, como pensar, emitir juicios, elaborar pensamientos abstractos, imaginar o comunicarnos a través del lenguaje. Se distinguen tres capas de neuronas: la archicorteza, la parte más profunda y antigua —el hipocampo forma parte de ella—, que se encarga de las respuestas sensoriales y de los mecanismos fisiológicos que permiten la supervivencia; la paleocorteza, que recibe terminaciones olfatorias, y la neocorteza, que se encarga de los procesos de pensamiento.

Otro elemento clave es el hipotálamo, situado debajo del tálamo, que tiene diversas funciones, como regular la

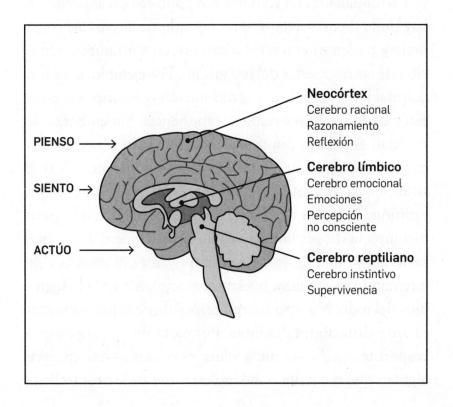

PIENSO →

SIENTO →

ACTÚO →

**Neocórtex**
Cerebro racional
Razonamiento
Reflexión

**Cerebro límbico**
Cerebro emocional
Emociones
Percepción
no consciente

**Cerebro reptiliano**
Cerebro instintivo
Supervivencia

temperatura corporal, el apetito o el sueño, y que produce varias hormonas implicadas en múltiples procesos, como el de la reproducción, el del crecimiento o el de la expresión de las emociones.

Según las teorías de Cannon y Bard, los estímulos emocionales llegarían a nuestro cerebro por el tálamo, que los redirige, enviando unos a la corteza cerebral (generarían la experiencia subjetiva de la emoción) y otros hacia el hipotálamo (desencadenarían las correspondientes reacciones fisiológicas). Esta teoría considera que lo que se produce en primer lugar son las reacciones emocionales, que siempre van acompañadas de respuestas de nuestro organismo. No hay duda de que vivimos en un estado de alerta casi constante y podemos entender cómo nos encontramos en función de las respuestas del organismo. Por ejemplo, notamos palpitaciones, taquicardia, sudoración o «mariposas en el estómago» según sea nuestra experiencia. Sin embargo, la realidad es que las respuestas emocionales son siempre las mismas —palpitaciones, taquicardia, sudoración...— ante situaciones diferentes, incluso opuestas, por lo que, en mi opinión, la teoría de Cannon y Bard es adecuada, pero incompleta. El ser humano es un ser sentimental más que racional, y aunque, como ya dijimos, nos pasamos la vida intentando racionalizar nuestras emociones, nunca lo logramos del todo. Nuestro cuerpo responde de la misma manera ante situaciones distintas. Por ejemplo, mi organismo responde igual —se me acelera el corazón— si aparece alguien que me irrita o me molesta que si de pronto llega una persona que me resulta atractiva. Si me encuentro con un animal mientras doy un paseo por el campo, se me acelerará el corazón, como me ocurriría si presencio un accidente de tráfico.

## El circuito emocional

A principios del siglo XX, el neurólogo estadounidense James Papez (1883-1958) describió un circuito cerebral que lleva su nombre y que, en realidad, es el circuito emocional, formado por las áreas del cerebro que se activan cuando algo nos provoca una emoción. Papez fue el primero que consideró que las emociones y las reacciones que provocan implican a varias áreas, sobre todo al sistema límbico, formado por varias estructuras: el hipotálamo, el hipocampo (responsable de la memoria a corto y largo plazo y de los procesos de aprendizaje) y la amígdala. Esta desempeña un papel fundamental en el control y en la regulación de las emociones. También tienen amígdala los animales y es clave para la supervivencia.

La amígdala está formada por un núcleo central, que regula el sistema endocrino y determina qué hormonas deben liberarse según la situación. Cuando esta región se daña perdemos la capacidad de procesar adecuadamente la información que recibimos del exterior. Por ejemplo, no seremos capaces de sentir miedo, lo que pondría en peligro nuestra supervivencia. Otros elementos son el núcleo medial, relacionado con las emociones vinculadas al olfato, y el núcleo lateral, que recibe información de los sentidos y los integra para que el núcleo central decida qué hay que hacer. Si, por ejemplo, vamos caminando y vemos una placa de hielo, esa información es integrada por el núcleo lateral, que avisa al núcleo central para que actúe rápido. Por último, está el núcleo basal, que es la región de la amígdala que controla nuestras acciones en función de nuestros recuerdos. En el ejemplo anterior, será el núcleo basal el que nos haga ir más despacio o desviarnos por otro camino para evitar la placa de hielo. Además, la amígdala cuenta con un grupo de células, conocidas como células intercaladas, que liberan un neurotransmisor inhibitorio, el GABA, destinado a evitar que respondamos de manera exagerada a estímulos no peligrosos.

En realidad, el sistema límbico es el cerebro afectivo, y la amígdala es la estructura fundamental, encargada de asignar un valor emocional a los estímulos. Así, hace ya casi un siglo, los investigadores Heinrich Klüver y Paul Bucy analizaron qué sucedía si lesionaban los lóbulos temporales de varios monos y observaron que no tenían miedo, que dejaban de ser agresivos, que comían de manera compulsiva y que su deseo sexual se incrementaba notablemente. En las personas que tienen alguna lesión en la zona amigdalar pueden aparecer comportamientos similares a estos y son incapaces de cambiar su conducta en función de lo que suceda a su alrededor.

Además del sistema límbico, hay otra área implicada en el control emocional. Hablamos de la corteza orbitofrontal,

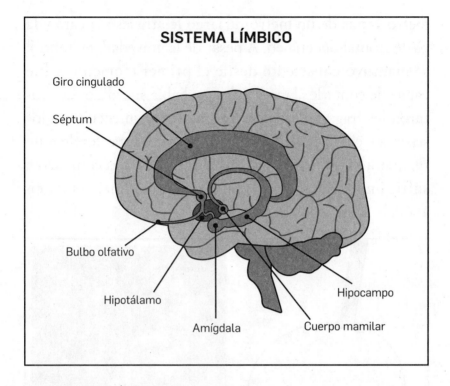

que es la zona del cerebro —situada en la frente, por encima de los ojos— que se encarga de regular nuestra capacidad de adaptación a lo que está sucediendo. Cuando la corteza orbitofrontal se lesiona (por un traumatismo, un tumor o cualquier otra enfermedad), la persona se vuelve muy perseverante y no es capaz de cambiar de comportamiento en función de los estímulos exteriores.

Para entender cómo funciona nuestro circuito emocional contaré la historia de Phineas Gage, un trabajador del ferrocarril de Nueva Inglaterra, que sufrió, a los veinticinco años, una importante lesión en el lóbulo frontal. Mientras trabajaba, una barra de hierro de tres centímetros de diámetro y más de un metro de largo le atravesó la cara y la parte frontal del cráneo. A pesar de la gravedad, no murió; se mantuvo consciente desde el primer momento y fue capaz de contarle al médico lo que había sucedido. Le retiraron los fragmentos óseos, le trataron la infección y a los sesenta y cinco días del accidente parecía estar totalmente recuperado. Sin embargo, ocho años después comenzó a sufrir importantes crisis epilépticas que, finalmente, en 1860, le causaron la muerte.

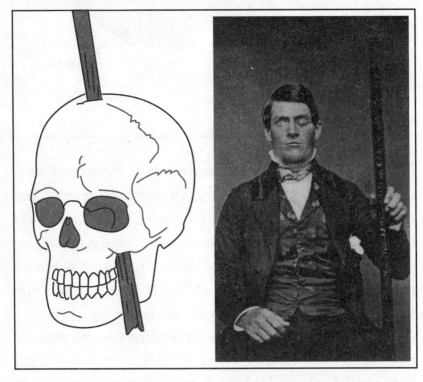

La barra atravesó la zona prefrontal. La personalidad de Phineas Gage cambió de tal modo que fue incapaz de tomar decisiones de forma responsable.

Cuando el médico de Gage percibió que su comportamiento estaba cambiando, decidió tomar notas sobre el caso y exponerlas en un congreso médico:

> El equilibrio entre sus facultades mentales y sus instintos animales parece haberse destruido. Él es irregular, irreverente, entregándose en ocasiones a la blasfemia más grosera [...], manifestando muy poco respeto por sus compañeros, incapaz de contenerse cuando entra en conflicto con sus deseos, en ocasiones pertinazmente obstinado, pero caprichoso y vacilante, ideando muchos planes de futuro que son abandonados antes de ser ejecutados por otros que parecen más factibles.

Antes del accidente, Gage era un hombre competente, sensato, equilibrado y alegre; después se volvió irresponsable, violento, desinhibido y descuidaba su higiene personal. Todo su entorno se dio cuenta del cambio de carácter y nadie quería estar con él. En realidad, lo que pasó fue que, como consecuencia del accidente, Gage perdió la capacidad de juzgar los efectos y las consecuencias que tenían sus actos en otras personas. Es decir, había dejado de importarle lo que los demás pensaran de él.

Ciento sesenta años después, uno de los padres de la neurología, el británico David Ferrier (1843-1928), rescató el caso. Ferrier había estudiado el comportamiento de los animales que padecían alguna lesión en el lóbulo frontal y observó que era similar al de Phineas Gage. A partir de ahí, el neurólogo británico concluyó que la corteza prefrontal —que es la zona del cerebro que se desarrolla más tarde— está implicada en la toma de decisiones, en la capacidad de diferenciar lo bueno de lo malo y, en definitiva, en la conciencia moral y ética. Se trata del área del cerebro que nos permite ser conscientes de nuestros pensamientos, saber quiénes somos, así como percibir la belleza; es decir, funciones estrictamente humanas que podríamos resumir en el concepto de *autoconciencia*.

Posiblemente, la corteza prefrontal es la zona del cerebro más interesante. Consta de tres partes: la corteza orbitofrontal, implicada en la conducta social y en la toma de decisiones; la corteza dorsolateral, que permite planificar, fijar objetivos y metas, reflexionar y tomar conciencia de las cosas, y la corteza ventromedial, que se relaciona con la capacidad de percibir y con la expresión de nuestras emociones.

La corteza prefrontal es la que coordina y ajusta nuestro comportamiento social, nos permite controlar los impulsos y gestionar nuestras emociones, así como asimilar y organizar la información compleja. El tubo de hierro que atravesó el cráneo de Phineas Gage lesionó la corteza prefrontal, de ahí que su pensamiento, su capacidad para gestionar las emociones y su personalidad cambiaran, perdiendo además su autoconciencia y la habilidad de distinguir lo que está bien de lo que está mal. Actualmente, el cráneo de Gage está en la Facultad de Medicina de la Universidad de Harvard, donde numerosos neurólogos lo siguen investigando.

El ruso Alexander Luria (1902-1977), padre de la neuropsicología moderna, se dedicó a investigar a pacientes que tenían lesionado el lóbulo frontal y observó que les sucedía algo similar a lo que le pasó a Phineas Gage: eran incapaces de analizar sistemáticamente los problemas, de seleccionar las relaciones importantes y de establecer un plan para solucionar problemas:

> El caso de un hombre de negocios de treinta años de edad que sufrió una lesión bifrontal en un accidente de moto aporta una ilustración sobre la importancia de las funciones ejecutivas intactas para realizar con éxito las operaciones diarias. La mujer del paciente notó que su marido podía realizar exitosamente operaciones de un solo paso, pero no era capaz de planificar, secuenciar y controlar actividades de varios pasos. Este paciente podía preparar un ítem, tal como una ensalada, pero era incapaz de planear y cocinar una comida completa o hacer actividades de varios ítems, tal como lavar la ropa (que solía hacer antes del accidente).

Estas personas muestran claros signos de distracción, rigidez, pasividad, alternancias inadecuadas en cambiar-fijar, bloqueo a la hora de poner al día la información, pobre reconocimiento del significado de los indicios, desinhibición, impulsividad y respuestas inapropiadas. Muchos de esos comportamientos afectan a sus interacciones sociales, sobre todo si padecen lesiones ventromediales, que producen una baja sensibilidad a estímulos relevantes socialmente

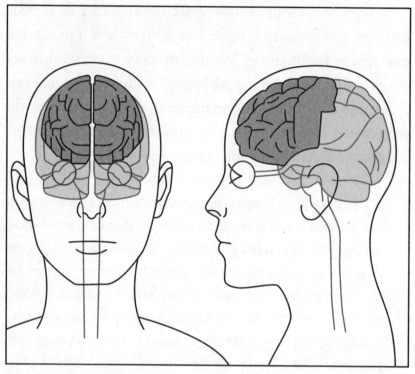

El lóbulo frontal es el área donde residen nuestras funciones ejecutivas.

y a matices situacionales, cambios anormales en personalidad y humor y disfunciones en la toma social de decisiones.

En el que estamos llamando «circuito emocional» del cerebro hay otra área clave, aunque de difícil acceso —está situada en una zona muy profunda del encéfalo—, que conecta los lóbulos frontales, parietales y temporales. Hablamos de la ínsula, de la que sabemos que tiene una fuerte implicación en los procesos emocionales y de autoconciencia, ya que está conectada con el sistema límbico y la corteza prefrontal. Participa en procesos tan importantes como la empatía y en la conciencia de la sensación corporal propia, pues nos permite interpretar nuestros sentimientos según los mensajes que recibimos de nuestro propio cuerpo.

Además, la ínsula colabora en el equilibrio interno del organismo, regulando la presión arterial y adaptando la frecuencia cardíaca al ejercicio que realizamos. También se relaciona con la capacidad de experimentar placer o disgusto ante las injusticias o ante la apariencia física, y con la capacidad de disfrutar de la música.

## Los hemisferios cerebrales

En el cerebro hay dos hemisferios —izquierdo y derecho—, cuyas funciones son diferentes. Tradicionalmente, se ha identificado el hemisferio derecho como el «cerebro emocional», y el izquierdo, como el «cerebro racional», categorización que se sigue usando a la hora de describirlos. Se ha demostrado que en la mayoría de las personas uno de los hemisferios es más dominante que el otro, lo que explica que haya personas más racionales y otras más emocionales. El hecho de que una persona acabe desarrollando la dominancia de uno de los hemisferios depende de muchos factores, como la personalidad, la educación y el ambiente en el que haya crecido.

El hemisferio izquierdo se encarga de analizar la información paso a paso para buscar soluciones y es capaz de

EN BUSCA DE LA ALEGRÍA

identificar el tiempo en que suceden las cosas. La interpretación de la realidad la hace mediante palabras y números. Por su parte, el hemisferio derecho es más creativo, más intuitivo, más emocional... Su interpretación de la realidad la hace mediante símbolos e imágenes, y es el responsable del sentido de uno mismo, es decir, de la autoconciencia, y del reconocimiento de los estados emocionales propios y de los demás.

La lateralización —división— cerebral nos ayuda a entender muchos de nuestros comportamientos. Diversas investigaciones demuestran que los estados de ánimo más positivos se relacionan con activación del hemisferio izquierdo, mientras que los estados negativos activarían el hemisferio derecho (el derecho está implicado en el reconocimiento de expresiones faciales que transmiten emociones negativas, mientras que el izquierdo lo está en el reconocimiento de expresiones de alegría). Asimismo, las emociones más primarias que nos permiten sobrevivir, como, por ejemplo, el miedo, son rápidamente identificadas por el hemisferio derecho —son emociones más «genéticas» o biológicas—, mientras que las emociones relacionadas con nuestros valores, con la educación o con la cultura son identificadas por el hemisferio izquierdo. De manera que, si, por ejemplo, se lesiona el lóbulo frontal o las áreas frontoparietales derechas, el individuo tendrá dificultades para establecer relaciones interpersonales, lo que condicionará su comportamiento social.

## ÚLTIMAS APORTACIONES DE LA NEUROCIENCIA: DE LOS CIRCUITOS A LAS REDES CEREBRALES

En 2005, casi simultáneamente, los investigadores Olaf Sporns (danés) y Patric Hagmann (estadounidense) se dieron cuenta de que el cerebro no funciona por áreas, ni siquiera por circuitos, sino que toda la información es simultánea y activa un sinfín de neuronas de muchas áreas diferentes, como una red de metro en la que las estaciones están interconectadas, y por donde circulan un montón de trenes al mismo tiempo. A esta manera de funcionar del cerebro la llamaron «conectoma». El objetivo de la parte de la neurociencia que se dedica al estudio del conectoma es realizar un mapa que describa la totalidad de las conexiones interneuronales cerebrales, para lo cual se utilizan, principalmente, técnicas de neuroimagen enormemente sofisticadas cuyo propósito es ver la activación de las neuronas.

Siguiendo este modelo —el estudio de las redes neuronales—, hace apenas cuatro años que comenzó una investigación, en la que participan numerosos investigadores de diferentes países, que se ha denominado «The Human Affectome Project». Los investigadores del proyecto consideran que el sistema emocional es también un sistema en red; es decir, va más allá de los circuitos emocionales descritos a lo largo del siglo XX. El proyecto pretende relacionar las emociones con las respuestas de nuestro organismo, o sea, atendiendo a cómo aquellas influyen en nuestras experiencias corporales. Los humanos somos conscientes de nuestras emociones no solo porque reflexionemos sobre ellas, sino porque *primero* hemos notado una respuesta en nuestro cuerpo. Por ejemplo, sé que algo me pone nerviosa porque me sonrojo, noto un extraño temblor o sudo, y son esas respuestas las que me indican que la situación está teniendo un efecto emocional en mí. A los procesos de integración de la información desde las respuestas corporales a las emocionales se les conoce como fenómenos *botton-up* (de abajo arriba); es decir, de las percepciones a las emociones, y, *después,* a los procesos racionales. Siguiendo las teorías de Pascal, que pensaba que el ser humano es más emocional que racional, este modelo considera que las respuestas corporales —fisiológicas— se producen *antes* que las emocionales y que las racionales: primero notamos una sensación y luego la interpretamos.

## NEUROTRANSMISORES Y HORMONAS RELACIONADAS CON LOS SENTIMIENTOS

Para transmitir información, las neuronas liberan unas sustancias que se denominan *neurotransmisores.* El primero que se descubrió fue la acetilcolina, hace unos cien años, responsable de los procesos de memoria y de sueño.

Existen varios neurotransmisores implicados en los procesos emocionales o sentimentales, como la dopamina, la serotonina, la oxitocina y las endorfinas, y se ha demostrado que el ambiente, el ejercicio o la dieta pueden favorecer o disminuir su liberación. La *dopamina* está implicada en varias funciones en el cerebro, muchas de ellas relacionadas con los sentimientos, la motivación, la memoria, el sueño, el movimiento, la atención y el aprendizaje. Así, cuando existe un déficit de dopamina, se alteran procesos como la concentración o la capacidad de resolver problemas (los niños con déficit de atención suelen tener menos dopamina), y pueden aparecer dificultades de movimiento. Por el contrario, un exceso de dopamina puede provocar la aparición de tics. Este neurotransmisor —conocido como el «neurotransmisor del placer»— está implicado directamente en el ya mencionado circuito de recompensa, que se activa cuando realizamos actividades que nos agradan o nos motivan, aunque en ocasiones puede ser el responsable de conductas que no queremos, como el consumo de sustancias tóxicas.

Para aumentar la liberación de dopamina debemos controlar el estrés, potenciar pensamientos o acciones positivas, como escuchar música, desarrollar técnicas de relajación, caminar, y llevar una vida ordenada manteniendo los ritmos de sueño y vigilia. La dieta también ayuda y son aconsejables los alimentos ricos en fenilalanina o tirosina, sustancias que posteriormente se transformarán en dopamina. Los principales son el chocolate, las almendras, los plátanos, el aguacate, el té verde y los lácteos. Ahora bien, un exceso de dopamina puede causar enfermedades graves, como la esquizofrenia o el trastorno bipolar.

Otro neurotransmisor clave —y hormona— es la *oxitocina,* cuyas funciones principales son facilitar el parto y la lactancia y las relaciones sexuales (por ello se la conoce como la «hormona del amor»). También modula nuestro comportamiento, porque facilita el establecimiento de relaciones sociales de confianza.

La *serotonina* —la «hormona de la felicidad»— se encarga de regular nuestro estado de ánimo, aunque también interviene en el apetito, la temperatura corporal, el sueño (influye directamente en la liberación de melatonina) y en los procesos de pensamiento y de memorización. Cuando los niveles de serotonina son bajos aparecerán más sentimientos negativos, como la tristeza, llegando a desarrollar enfermedades como la depresión, trastornos de ansiedad o alimentarios y problemas de sueño. Se ha demostrado que el ejercicio físico moderado —caminar— y una dieta adecuada aumentan los niveles de serotonina. Se recomienda ingerir alimentos ricos en triptófano, como el plátano, los huevos, la pasta, los cereales, el pollo, el pavo y las legumbres.

En la década de los años setenta del siglo pasado se descubrieron las *endorfinas* (morfinas endógenas), que se encargan de regular el apetito, el sistema inmunitario y la liberación de hormonas sexuales. Asimismo, intervienen cuando sentimos dolor y estrés. Un déficit de endorfinas puede producir cambios en el estado de ánimo, ansiedad y estados depresivos. Sabemos que el ejercicio intenso —correr— aumenta la liberación de endorfinas, así como realizar actividades placenteras. Se aconseja llevar una dieta rica en vitamina C (pimiento rojo, tomate, calabaza, naranja, kiwi y frutos rojos) y se ha comprobado que los alimentos picantes también aumentan la liberación de endorfinas.

# 4
# ALEGRÍA Y PERSONALIDAD

No importa tanto qué es la personalidad
como lo que la personalidad hace.

GORDON ALLPORT

En 1986 se realizó el conocido como «estudio de las monjas», mediante el cual se intentaban valorar las consecuencias del envejecimiento y encontrar factores de prevención de la enfermedad de Alzheimer. Como objeto de estudio, los investigadores escogieron a las monjas de clausura del convento de Notre Dame, en Estados Unidos, aunque posteriormente se amplió a otros conventos del mismo tipo. En total participaron seiscientas setenta monjas, que accedieron a que se les hiciera un seguimiento hasta su muerte. Desde un punto de vista epidemiológico, se trataba de un estudio muy bien diseñado, pues todas las participantes tenían unas condiciones de vida similares: seguían la misma dieta y la misma rutina diaria. Al inicio de la investigación se vio que un número importante de ellas (ciento ochenta) habían escrito notas autobiográficas en las que se reflejaba su personalidad y su actitud ante la vida. Los investigadores analizaron los escritos y contaron las palabras que hacían referencia a pensamientos y sentimientos tanto positivos como negativos. Descubrieron que las mujeres que se describían como alegres y optimistas vivían más años (casi siete años más) que las que se describían como pesimistas. El 90 % de las monjas del grupo más alegre seguía viviendo a los ochenta y cinco años frente a solo el 34 % del grupo menos alegre.

Hasta ahora hemos hablado de la alegría como un sentimiento —o una emoción, cuando es intensa— que puede condicionar nuestro pensamiento, nuestra manera de interpretar el mundo y nuestra toma de decisiones.

Existen personas que son alegres por naturaleza. De ellas podríamos decir que tienen unos *rasgos de personalidad* que las hacen ser «naturalmente» alegres, porque siempre ofrecen una visión positiva del mundo, ven el lado bueno de las cosas, tienen esperanza y son optimistas.

En español tenemos dos verbos para explicar el estado: *ser* y *estar* —soy alegre o estoy alegre—, mientras que en inglés, por ejemplo, solo existe uno, el verbo *to be.* Esta diferencia es importante, porque el *ser* tiene que ver con nuestra personalidad, con cómo nos relacionamos con nosotros mismos y con el mundo, mientras que *estar* se refiere a un estado que se produce como consecuencia de algo que sucedió o está sucediendo. Dicho con otras palabras: *estar* alegre sería un sentimiento, y *ser* alegre, un modo de ser, es decir, un concepto más relacionado con la personalidad.

Pero ¿qué es la personalidad? Podríamos definirla a grandes rasgos como aquello que nos hace iguales a nosotros mismos —ser quienes somos— y diferentes de los demás. Esta definición enlaza con el término *persona,* que se refiere al individuo como alguien independiente y diferente de los otros seres vivos. «Persona» deriva del latín *persona* —y, a su vez, del griego *propopon*—, que significa «máscara teatral». En efecto, en los teatros griegos los actores se colocaban máscaras con diferentes expresiones, como la alegría, la tristeza, la rabia o el enojo, que llevaban incorporada una bocina para aumentar el volumen de la voz. Esto explica el segundo significado de «persona», del latín *personare,* esto es, «resonar a través de algo», un significado que alude a ese actor dramático que hace resonar su voz a través de la máscara. Con el paso de los años, el significado de la palabra fue cambiando y adquiriendo nuevos matices, y así, «persona» era el individuo desconocido —el que lleva la máscara—, mientras que el conocido era llamado por su nombre.

En las culturas griega y romana se consideraba que todos los seres humanos tienen cuerpo y alma, aunque diferentes según cada *persona.* No solo nos diferenciamos por el aspecto externo, sino también por el modo de ser, una distinción que los clásicos conectaban con el alma, que es única e indivisible. Con el paso del tiempo, el concepto de alma —como sostén de los valores espirituales— va perdiendo presencia y comienza a desarrollarse el concepto de *personalidad,* entendida como esa cualidad que nos hace diferentes de los demás e iguales a nosotros mismos.

## TEMPERAMENTO Y CARÁCTER

En el estudio de la personalidad se diferencian dos aspectos fundamentales: el *temperamento* y el *carácter*. El temperamento es la parte de la personalidad más congénita —heredada—, de ahí que con frecuencia a todos nos hayan dicho eso de «eres igualito que tu padre o tu madre». El carácter es la parte de la personalidad que se desarrolla en función del ambiente y de las experiencias vitales, y se relaciona directamente con la razón y la voluntad. Es decir, el carácter está condicionado por la evaluación que hacemos de una situación determinada y de la respuesta que damos. Además, el carácter se puede modular y modificar para adaptarnos mejor a nuestra propia vida. Según esta definición, podemos decir que no somos responsables de nuestro temperamento, pero sí —al menos en parte— de nuestro carácter.

Para Aristóteles, el hombre es un ser racional, pero también destacaba su parte emocional, que estaría relacionada con la personalidad. Pensaba que podemos aprender a controlar nuestros sentimientos y emociones, aunque ni mucho menos es una tarea fácil:

Cualquiera puede enojarse, eso es muy sencillo. Pero enojarse con la persona adecuada, en el grado exacto, en el momento oportuno, con el propósito justo y del modo correcto, ciertamente no resulta tan sencillo.

84

Hipócrates de Cos, médico de la antigua Grecia y contemporáneo de Aristóteles, distinguía cuatro tipos de temperamentos: sanguíneo, melancólico, colérico y flemático, relacionados con las cuatro sustancias fundamentales del cuerpo —sangre, bilis, atrabilis y pituita— y con los cuatro elementos de la naturaleza: fuego, agua, aire y tierra. Así, las personas que tienen un temperamento *sanguíneo* destacan el placer de vivir y consideran que las penalidades que ocurren no son tan graves como para no seguir disfrutando de la vida... Suelen buscar y encontrar el lado más positivo de cualquier situación y se enojan, se entristecen y se alegran sin excederse. En resumen, son las personas sanas por excelencia, receptivas, comunicativas e intuitivas. Son las personas que buscan la alegría.

Por el contrario, las personas *coléricas* reaccionan con ira ante cualquier penalidad, se enojan, discuten y quieren imponerse a los demás. Se guían por impulsos y, en ocasiones, son dominantes, manipuladores e intolerantes.

El *melancólico* es el que duda, el que tiende a culpabilizarse, el que siempre piensa que podía haberlo hecho mejor. Con frecuencia su mirada se dirige hacia atrás o hacia dentro, y es una persona muy sensible, perfeccionista y analítica. Se considera que este es el temperamento más rico y complejo de todos, ya que predominan los sentimientos, pero siempre con el filtro de la razón. Las personas melancólicas suelen ser abnegadas, perfeccionistas y amantes de lo bello.

Por último, el *flemático* es aquel al que nada interesa particularmente, el que vive sin esfuerzo ni demostración de poder. Suelen ser personas tranquilas, serias, racionales, equilibradas y fáciles de tratar. Desean que su existencia sea lo más sencilla posible, hasta el extremo de que, en ocasiones, parece que no viven la vida, sino que simplemente «pasan» por ella.

Ahora sabemos que esta categorización es insuficiente. Y habría que añadir los denominados *rasgos de personalidad,* que podríamos definir como la tendencia que tiene cada persona a responder de una determinada manera ante una situación concreta. Esta propensión individual, además de aportar estabilidad, es la que nos permite definir —y describir— a una persona a partir de cómo vive, siente, se expresa y se comporta en su vida.

## Los rasgos de la personalidad

Diferentes autores han tratado de establecer cuáles son los rasgos que definen una personalidad. El primero fue Carl G. Jung (1875-1961), que pensaba que solo había dos, la extroversión y la introversión, y cuatro funciones psicológicas fundamentales: pensar, sentir, percibir e intuir. Para Jung, considerado padre de la psicología, las personas se clasificarían en reflexivas, intuitivas, sentimentales o perceptivas.

Una persona con tendencia *extrovertida* se guiará más por lo que sucede en el exterior, y sus respuestas estarán encaminadas a adaptarse a ello. Por el contrario, una persona de disposición *introvertida* se moverá más en función de la valoración —subjetiva— que hace de una situación determinada.

En cuanto a la segunda clasificación de Jung, las personas *intuitivas* llegan a conclusiones de una manera irracional y orientan su pensamiento hacia lo que perciben del entorno —sin basarse en recuerdos o en conceptos abstractos—, valorando las emociones y los sentimientos que este les produce antes de tomar una decisión. Por su parte, las personas *reflexivas* dan más importancia a sus pensamientos, analizan las situaciones por partes —no como un todo— y, por lo general, tardan más en tomar decisiones. Las personas *sentimentales* se guían por sus emociones y sentimientos, y les cuesta tomar decisiones a partir del pensamiento racional. Y, por último, las personas *perceptivas* se guían por las sensaciones que les produce el entorno y son capaces de interpretar bien el ambiente —por ejemplo, lo que se expresa mediante la comunicación no verbal—. Son buenos observadores de sí mismos y de los demás, y perciben detalles que a otros se les escapan. Además, son muy hábiles a la hora de interpretar las respuestas corporales, tanto propias como ajenas, lo que les permite valorar las situaciones de manera rápida y eficaz. En este sentido, el neurólogo Prabhjot Khalsa afirma:

> Quienes son capaces de percibir sus latidos cardíacos son mejores interpretando sus propias emociones, y aquellos que son capaces de interpretar sus emociones son mejores interpretando las de los demás.

A lo largo del siglo XX han ido surgiendo nuevos modelos que tratan de establecer cuáles serían los rasgos de personalidad más determinantes. Uno de los más seguidos es el propuesto —en la década de los noventa— por Robert Cloninger, psiquiatra y genetista norteamericano que se ha dedicado a estudiar la personalidad desde un punto de vista tanto psicológico como biológico —aspectos genéticos—, pues ambos condicionarían nuestra manera de ser y nuestro temperamento. Para él, la personalidad es lo que permite al individuo adaptarse a lo que pasa a su alrededor. Por ello, debemos entenderla como un proceso dinámico y cambiante. Aunque seamos siempre la misma persona, podemos modificar nuestra manera de ver las cosas, nuestra manera de interpretar lo que nos sucede, y lo haremos en función de nuestros rasgos de personalidad, pero también de las cosas que nos pasen, de nuestros acontecimientos vitales, de nuestra biografía.

Cloninger considera que hay tres dimensiones fundamentales que determinarían nuestra personalidad: la búsqueda de novedad *(novelty seeking),* la evitación del peligro *(harm avoidance)* y la dependencia de la recompensa *(reward dependence).* Las tres dimensiones son hereditarias —temperamentales—, a las que añade otras tres que denomina «caracteriales», esto es, más susceptibles de ser influidas por el ambiente y lo que nos sucede: serían la autodirección, la cooperatividad y la autotrascendencia. El carácter puede ser más tendente a la consecución de objetivos concretos (autodirección); la cooperatividad se relaciona con la tendencia a colaborar con otras personas, y la autotrascendencia, con nuestro sistema de valores e ideales.

Lo interesante de las teorías de Cloninger es la evolución que han seguido a lo largo del tiempo. Al principio pensaba que la personalidad era lo que los griegos denominaban «temperamento», eso que nos hace iguales a nosotros mismos y diferentes de los demás y que estaría condicionado por nuestros genes. Esta visión es acertada pero incompleta, ya que posteriormente llegó a la conclusión de que las personas somos una combinación de temperamento y carácter —genética-biología (cuerpo) y manera de interpretar lo que sucede (ambiente)—. Por ello, por ejemplo, dos personas con los mismos genes —los gemelos— pueden mostrar maneras diferentes de responder a lo que les sucede debido, principalmente, a que lo que les ocurre no es lo mismo. Dicho de otra manera: la personalidad es una combinación de temperamento y carácter. Cloninger ha sido criticado —en mi opinión, injustamente— por las conclusiones a las que ha llegado en sus estudios recientes, ya que, según él, en la personalidad hay *algo más* que genes y biografía, y es la *coherencia,* entendida como la relación que existe entre nuestra manera de pensar y de comportarnos.

El concepto de «rasgo» sugiere que la personalidad es estable a lo largo del tiempo, aunque hoy sabemos que puede modificarse. Los cambios van a depender de dos factores importantes: las experiencias vitales, a partir de las cuales una persona puede plantearse su manera de actuar y cambiarla, y otro factor más subjetivo que depende tanto del ambiente como de la reflexión interna y la intencionalidad. Es decir, podemos *aprender* a ser optimistas, más alegres, más reflexivos, aunque es probable que no podamos aprender a ser más intuitivos o perceptivos, rasgos que son más espontáneos y que, por tanto, dependen menos del aprendizaje o del entrenamiento.

Hay otras teorías de la personalidad que insisten sobre todo en el papel que desempeña el aprendizaje. Parten de la base de que el ser humano es un ser social por naturaleza y, por tanto, la personalidad estaría determinada por lo que aprendemos, pero también por nuestra conciencia moral, por nuestros deseos y motivaciones, esto es, por los valores y las expectativas que tengamos.

En resumen, los seres humanos somos estables y cambiantes a la vez. Nuestros rasgos de personalidad determinan la manera en que organizaremos nuestra vida, las amistades que tengamos y los ambientes en los que nos movamos, pero además influye nuestro modo de pensar, nuestros valores, nuestras creencias. Somos una combinación de cuerpo-mente-espíritu, y es nuestra biología, nuestra manera de responder a lo que vivimos, junto con nuestras ideas y creencias, lo que al final hace que seamos *quiénes* somos y no solo *cómo* somos.

## EL OPTIMISMO

El optimismo es la tendencia a ver las cosas en su aspecto más positivo o favorable. Deriva del latín *optimun,* que significa «lo mejor». Y ahora sabemos que ese «lo mejor» se puede aprender. En efecto, podemos aprender a ver el vaso medio lleno y no medio vacío. Esta actitud positiva suele ir asociada a la seguridad, a la convicción y, sobre todo, a la esperanza, aspectos que van a condicionar nuestro proceso de pensamiento y, en consecuencia, nuestra toma de decisiones.

El concepto fue utilizado por el filósofo alemán Gottfried Leibniz (1646-1716), que consideraba que el mundo en el que vivimos es el mejor de los posibles. Así lo expone en *Teodicea. Ensayos sobre la bondad de Dios, la libertad del hombre y el origen del mal,* donde desarrolla la idea de que el optimismo tiene un valor ético, ya que implica una *actitud* cuyo objetivo es alcanzar lo bueno y ver el lado bueno de las cosas. El ya mencionado Daniel Kahneman completa esta idea con el concepto de «sesgo optimista omnipresente», es decir, en su opinión, el optimismo, desde un punto de vista evolutivo, tiene un valor adaptativo. Así, las personas optimistas son más resistentes psíquicamente, más fuertes y su sistema inmunitario es más eficaz (hay estudios que demuestran que las personas optimistas viven más años). El optimismo nos protege del temor a la pérdida, lo que nos permite valorar los beneficios. Ahora bien, un exceso de optimismo puede ser contraproducente, porque podría caerse en una sobreestimación de los beneficios sin valorar adecuadamente los riesgos.

En *La conquista de la felicidad,* el ya citado Bertrand Russell señala que existen cuatro actitudes que nos permiten ser optimistas: el entusiasmo, el humor, el rechazo del negativismo y la apertura a los demás, actitudes todas ellas que podemos aprender, porque de alguna manera dependen de la voluntad.

Optimismo y esperanza no son sinónimos. Mientras el primero es una tendencia, la segunda es un estado de ánimo valorativo. Según la Real Academia Española, la esperanza es un «estado de ánimo que surge cuando se presenta alcanzable algo que se desea», aunque también el concepto enlaza con el cristianismo al considerarla una «virtud teologal por la que se espera que Dios otorgue los bienes que ha prometido». Es decir, la esperanza implica *creer* en un futuro mejor, aunque sin dejar de vivir el presente.

\* \* \*

A lo largo de estas páginas he intentado explicar en qué consisten algunas de las funciones básicas de la mente humana, como los sentimientos, las emociones, los pensamientos y la personalidad para poder entender mejor qué es la alegría, que no solo es un sentimiento, sino una actitud, una forma de entender la vida… Es decir, podemos aprender a ser alegres y reforzar esos rasgos de la personalidad que nos permiten serlo. Porque el pensamiento se puede modificar. Nuestros sentimientos influyen en nuestra manera de pensar, y viceversa.

Las funciones de la mente nos permiten adaptarnos y entender el mundo. Son muy variadas y van desde las más básicas, como los sentidos, hasta las más evolucionadas —específicamente humanas—, como el pensamiento y la conciencia. La famosa «pirámide de Maslow» muestra claramente cuáles son las funciones de la mente a partir de las necesidades del ser humano.

Para poder satisfacer nuestras necesidades, el cerebro desempeña varias funciones que podemos resumir y clasificar en cinco niveles: el primero, más objetivo, tiene que ver

## PIRÁMIDE DE MASLOW

Necesidades de autoactualización (autorrealización, crecimiento personal en nuestro trabajo, en nuestra vida personal, etc.)

Necesidades de consideración y estimación (autoestima, necesidad de valoración propia y por parte de los demás, etc.)

Necesidades de vinculación y afectivas (amigos, pareja, etc.)

Necesidades de seguridad (ausencia de amenazas, de necesidades vitales, de enfermedades, de situaciones de riesgo como guerras o desastres naturales, apoyo de la familia, etc.)

Necesidades fisiológicas (comida, bebida, vivienda, etc.)

con el hecho de que creamos el mundo en el que vivimos a través de la información que recibimos por los sentidos. El segundo, más subjetivo, nos permite ser conscientes de nuestras necesidades, motivaciones y sentimientos, una «autoconciencia» fundamental para la supervivencia y para el proceso de adaptación. En el tercer nivel estarían funciones como la memoria y el aprendizaje, que nos permiten aprender del pasado, de la experiencia y planificar el futuro. El cuarto sería un nivel más social, con funciones como el lenguaje y la comunicación, que nos permiten resolver problemas. Y, por último, el quinto nivel, el más reflexivo, que nos permite dar sentido a nuestras vidas con funciones específicamente humanas, como el pensamiento y la conciencia, gracias a las cuales nos damos cuenta de lo que sucede —tanto a nosotros mismos como en el entorno— y le damos un sentido.

# 5
## SALUD Y ENFERMEDAD

La enfermedad, especialmente la enfermedad mental,
es siempre una crisis existencial.

JUAN JOSÉ LÓPEZ-IBOR

La pandemia de la Covid-19, más allá de que hayamos padecido o no la enfermedad, ha provocado en muchas personas una profunda crisis existencial y de valores. Hemos vuelto a pensar en la muerte y a preguntarnos por el sentido de nuestras vidas. Nos hemos dado cuenta de lo frágiles que somos, de lo fácil que es perder la salud… El hecho de escuchar a todas horas noticias sobre enfermedad y muerte nos lleva a pensar que en algún momento nos puede pasar a nosotros, lo que nos recuerda que nada es eterno y que las circunstancias pueden cambiar en cuestión de segundos.

Las enfermedades siempre afectan a nuestro orden cotidiano y a nuestro ánimo. Los sentimientos —de todo tipo— se ven alterados, y la fatiga, el cansancio, las ganas y el humor muestran su cara más amarga. Pero, además de a nuestra vitalidad, cualquier enfermedad afecta al ánimo y modifica nuestra forma de entender el mundo y de valorarlo. La enfermedad causa tristeza, ansiedad, miedo y angustia, lo que hace que nos planteemos el sentido de nuestra vida desde un punto de vista más trascendente o espiritual.

Cuando los médicos hacemos una historia clínica, preguntamos al paciente qué síntomas tiene, pero no solo nos interesamos por los físicos, sino también por los psicológicos, como las dificultades de concentración, la apatía o la ansiedad, que, como ya hemos dicho, afectan al ánimo y a la toma de decisiones. Pero, además, hay otros síntomas que enlazan con la parte más social o ambiental. De hecho, el trabajo, el entorno, la situación personal socioeconómica e incluso dónde vivamos y cómo sea nuestra casa condicionan nuestra forma de entender y de enfrentarnos a la enfermedad.

En la carta fundacional de la Organización Mundial de la Salud se define la salud como «el perfecto estado de bienestar físico, psicológico y social, y no solo como la ausencia de enfermedad». Pero ¿qué entiende la OMS por enfermedad? La definición es bastante ambigua, y si leemos los documentos básicos de la institución, concluimos que se trataría de un conjunto de síntomas que podrían dar la sensación a una persona de que no se encuentra bien o que, sencillamente, ha perdido la salud.

En inglés existen tres palabras diferentes para «enfermedad»: *disease, illness* y *sickness*. Para el sentido más físico se usa *disease;* en un sentido más psicológico se utiliza *sickness,* y para el social, *illness. Disease* hace referencia a la enfermedad física o mental; *sickness,* al sufrimiento personal que implica padecer una enfermedad en un momento determinado, e *illness,* al aspecto social, a la razón por la que una persona no se ocupa de sus tareas cotidianas o no acude a su lugar de trabajo (consecuencias sociales). Debemos entender estas consecuencias sociales en una doble dirección: por un lado, la enfermedad en sí misma disminuirá las defensas y causará dolor o molestias que impedirán desempeñar con normalidad las actividades cotidianas, y, por otro lado, si no somos capaces de trabajar ni de ocuparnos de nuestra familia o de nosotros mismos, nos sentiremos aún peor, las defensas bajarán aún más y los síntomas y molestias se incrementarán. Es decir, sabemos que en el propio hecho de enfermar participan tanto aspectos físicos como psicológicos y sociales, y todos influyen en la aparición, manifestación, curso y pronóstico de la enfermedad.

No hay duda de que el estilo de vida de una persona repercute en su modo de enfermar. Dicho de otra manera: las enfermedades afectan al desarrollo de la persona y de su personalidad, y viceversa; esto es, las decisiones que tomamos a lo largo de nuestra vida influyen en nuestra salud. Ya lo dijo Juan Pablo II: «La salud no depende únicamente del azar, sino de las decisiones que tomemos en cada momento». Está claro que estar sano es mucho más que no estar enfermo.

## LA SALUD MENTAL

Ya dijimos que, para Sigmund Freud, «la salud mental es la capacidad de amar y de trabajar». Si una persona está sana mentalmente, experimentará sentimientos hacia los demás y será capaz de ser productivo y de llevar una vida autónoma. La Organización Mundial de la Salud tardó más de sesenta años en hacer una definición de salud mental, entendiéndola como un «estado de bienestar en el que el individuo es consciente de sus propias capacidades, puede afrontar las tensiones normales de la vida, puede trabajar de forma productiva y fructífera, y es capaz de hacer una contribución a su comunidad». Como vemos, la definición se aproxima bastante a la de Freud, aunque añade la capacidad de conocerse bien y de responsabilizarse de lo que se hace, se siente y se vive. Es decir, una persona sana mentalmente es aquella que asume y se responsabiliza de su propio comportamiento, entendido este como el conjunto de respuestas que una persona da a lo que le sucede; o sea, su manera de actuar y de expresarse, que se relaciona con la personalidad, con los pensamientos, con los sentimientos y con las motivaciones. La salud mental está más bien relacionada con el bienestar físico, psicológico y social, y no es lo mismo que la enfermedad mental.

Son muchos los que consideran que la psiquiatría, como disciplina médica, está atravesando en los últimos años una profunda crisis. Quizá sea debida a que las investigaciones científicas realizadas en el campo de la genética, de la neurobiología y de la neuroimagen no han aportado los datos esperados y seguimos sin tener un concepto claro de qué son las enfermedades mentales. De hecho, seguimos refiriéndonos a ellas como «trastornos» (trastorno psicótico, trastorno depresivo, etc.) y no como enfermedades, pero debemos tener cuidado de no confundir la psiquiatría como especialidad médica con la salud mental, que está más bien relacionada con el bienestar. La psiquiatría, como disciplina, tiene como objetivo el estudio, el diagnóstico, la evolución, el tratamiento, la rehabilitación y la prevención de las enfermedades mentales partiendo de la observación clínica y de la investigación científica.

Los sistemas de clasificación que manejamos los psiquiatras y otros profesionales —conocidos como DSM-V (2013) y CIE-11 (2017)— pueden dar lugar a confusión si el médico no es consciente de que una clasificación no es un tratado de psicopatología, y si los criterios diagnósticos se confunden con síntomas y los síntomas con enfermedades. Por ejemplo, es posible que dos pacientes que muestren los mismos síntomas (un estado de ánimo depresivo, reducción de su capacidad para mostrar interés y disfrutar, una pérdida de peso significativa, insomnio e inhibición psicomotriz) obtengan el mismo diagnóstico, que podría ser un episodio depresivo mayor, cuando es posible que uno de ellos esté pasando por algunas de las etapas de un proceso de duelo por la pérdida de un ser querido. En mi opinión, este no tendría que ser considerado un paciente con depresión propiamente dicho y, por tanto, no debería recibir tratamiento psicofarmacológico, ya que estaríamos *medicalizando el sufrimiento*.

La última clasificación norteamericana de las enfermedades mentales —manual que presenta los criterios que deben presentarse para considerar que una persona padece una u otra enfermedad mental—, publicada en 2013, considera que existen 348 trastornos mentales, entre los cuales se encuentra el duelo. Las críticas surgieron de inmediato, incluso por parte de aquellos psiquiatras que habían sido sus grandes valedores, ya que pensaron que, al incluirlo en el manual, se estaba medicalizando el sufrimiento al considerar los malestares de la vida como trastornos. Ante la pérdida de un ser querido, lo normal es tener sentimientos de tristeza, de soledad y de desamparo, sentimientos que, en ocasiones, no nos dejarán dormir ni llevar una vida normal, pero que con el paso de los días se irán mitigando. La tristeza por la pérdida permanecerá, pero será reactiva y proporcionada a nuestro vínculo con esa persona. Aprenderemos a vivir con ese dolor profundo, pero, por lo general, al poco tiempo volveremos a realizar las actividades que antes nos gustaban y comenzaremos a disfrutar de nuevo de las cosas.

Es frecuente encontrarse con dificultades para determinar si un comportamiento es normal o no lo es, o si un sentimiento en principio «normal» pasa a ser un síntoma e incluso un trastorno. Los psiquiatras constantemente tratamos de establecer dónde está el límite que separa un sentimiento normal de uno patológico. Dicho de otro modo:

¿dónde está el límite entre la tristeza y la depresión?, ¿dónde está el límite entre la rabia y la frustración «normales» y las que aparecen como síntomas de una enfermedad o un trastorno?

Es normal sentir ansiedad cuando tenemos un examen, una reunión importante de trabajo o cuando vamos a ir al médico. Pero la ansiedad también puede ser un síntoma de una enfermedad física, como, por ejemplo, una alteración del tiroides, donde la ansiedad ya no es un sentimiento y se ha convertido en un síntoma. En otras ocasiones, la ansiedad no es ni un sentimiento normal ni un síntoma, sino una enfermedad en sí misma.

Por tanto, como decimos, no es fácil diferenciar un sentimiento —o pensamiento— normal del que no lo es, pues influyen factores tan decisivos como la cultura, la educación o el contexto social de la persona. Para poder determinar si un comportamiento es normal o no, debemos tener en cuenta tanto el concepto de salud como si dicho comportamiento nos permite adaptarnos y forma parte de un proceso que evoluciona a lo largo del tiempo. Para la mayoría de los médicos, lo normal es la salud, y se considera que un comportamiento está dentro de los límites normales cuando no se observa psicopatología, es decir, cuando lo analizamos y no podemos concluir que se trate de un síntoma. En este sentido, la salud se entiende como un estado razonable que nos permite adaptarnos y hacer sin dificultades lo que tenemos o queremos hacer en un momento determinado.

La complejidad que entraña la definición de salud de la OMS es que estar sano no solo significa ausencia de enfermedad —no hay ni síntomas ni molestias—, sino también sentirse bien y poder trabajar, relacionarse con los demás y sentirse integrada en la sociedad.

## El concepto de normalidad psíquica

El psiquiatra alemán Viktor von Weizsäcker (1886-1957) estudió durante años el concepto de «normalidad» y los límites entre salud y enfermedad. Llegó a la conclusión de que «enfermo es el que va al médico» (incluidos todos los profesionales de la salud, como enfermeros, nutriólogos, fisioterapeutas, psicólogos, logopedas, terapeutas ocupacionales…), lo que en el fondo significa que el límite depende de nosotros mismos. Podemos tener dolores de cabeza frecuentes, pero si la intensidad del dolor hace que no podamos afrontar nuestra vida cotidiana y que vayamos al médico, hablaremos de enfermedad, ya que esos dolores de cabeza han dejado de ser «normales» y han pasado a ser síntomas de otra enfermedad. Esto es aplicable a casi todas las enfermedades, salvo las mentales, ya que muchos de estos pacientes no reconocen que lo que sienten —tristeza, ansiedad, angustia— no es «normal», sino que son síntomas de una enfermedad. Esta falta de reconocimiento hace que no vayan al médico y ni siquiera se dan cuenta de que necesitan un tratamiento farmacológico y/o psicológico.

Por supuesto, quieren dejar de sentirse tristes, pero a menudo piensan que, si se empeñan e intentan sonreír todas las mañanas, lo conseguirán. Ese deseo de estar bien es fundamental para recuperarse de cualquier enfermedad, pero en el caso de la enfermedad mental será necesario, además, un tratamiento farmacológico y/o psicoterapéutico.

En la determinación del límite de la normalidad también influye el concepto de *adaptación* —fundamental para la supervivencia de la especie—. Por ejemplo, un comportamiento puede considerarse normal en la adolescencia, pero no en la madurez. Por lo general, aceptamos que un adolescente sea impulsivo, poco reflexivo, impaciente e incluso incapaz de controlar sus emociones. Sin embargo, ese mismo comportamiento en un adulto se consideraría patológico o «no normal», ya que se espera que las personas maduras sean capaces de controlar sus impulsos, que sean consistentes y predecibles.

Asimismo, influyen los aspectos culturales, sociales e incluso jurídicos. Por ejemplo, existen culturas en las que creer en la magia negra es parte de sus creencias, por lo que si un paciente acude a la consulta y dice que ha sido víctima de ella, debería considerarse «normal» y prestar especial atención a los síntomas de ansiedad y angustia que la magia negra le produce. Desde un punto de vista jurídico, si al manejar superamos los límites de velocidad, nuestro comportamiento será considerado «no normal» —no se adapta a la norma— y lo más fácil es que seamos sancionados. Como bien señaló el psiquiatra estadounidense Karl

Menninger (1893-1990), «la normalidad es la capacidad de aprender de la experiencia, de ser flexible y de adaptarse a los cambios del entorno».

También decimos que el comportamiento de una persona es «normal» cuando es capaz de establecer relaciones interpersonales positivas, cuando disfruta de la compañía de los demás, cuando da y recibe apoyo, y cuando respeta al otro independientemente de su posición. Por el contrario, un comportamiento será considerado «no normal» cuando provoca sufrimiento —a uno mismo o a los otros—, cuando no nos permite lograr objetivos y cuando es incomprensible para el resto de las personas porque ni sigue ni respeta las normas morales y sociales.

## TRISTEZA Y DEPRESIÓN

El gran problema del hombre actual es haber convertido en problemático el sentido de su vida. Por eso no es extraño que obstáculos y contrariedades del cotidiano vivir aparezcan envueltos en una atmósfera angustiosa.

JUAN JOSÉ LÓPEZ-IBOR, *La angustia vital*

Conocer el sentido de la tristeza y de la depresión ayuda a conocer al hombre. Un sentimiento tan «normal» como la tristeza puede convertirse en una enfermedad, es entonces cuando hablamos de depresión, pero la tristeza, por sí sola, no permite diagnosticar una depresión. La tristeza surge cuando perdemos algo que resulta importante para nosotros. En la depresión, por el contrario, la tristeza no parece tener un motivo; además, esta viene acompañada de otros síntomas que la convierten en una verdadera enfermedad o en un trastorno. Esta diferenciación es clave para entender qué son las enfermedades mentales, que no se pueden resolver con voluntad o intencionalidad, y que no están provocadas por una debilidad del carácter, sino que ya existen en ellas alteraciones neurobiológicas. Para curarlas hay que recurrir a tratamientos farmacológicos y psicoterapéuticos.

Por lo general, la tristeza implica ver el mundo de manera negativa y sentirse incapaz de experimentar alegría. Hace dos mil quinientos años, Hipócrates habló de las consecuencias de la tristeza cuando esta traspasa el límite de lo «normal»: «Si el miedo y la tristeza se prolongan, eso es melancolía». Areteo de Capadocia, en el siglo II, describió una enfermedad llamada *melancolía* cuyos síntomas coinciden con lo que actualmente llamamos depresión. Así, el paciente melancólico aparece «triste, abatido, sin sueño, adelgazando por su estado de agitación y pérdida de sueño reparador. En un estado más avanzado se quejan de mil fruslerías y desean la muerte». Esta es, probablemente, la primera descripción de un cuadro depresivo, ya que además de la tristeza existen otros síntomas, como el insomnio, la pérdida del apetito, el cansancio o la apatía. En *El mercader de Venecia,* William Shakespeare escribió: «Me cansa esta tristeza. ¿Les cansa a ustedes? La verdad es que no sé por qué estoy tan triste, pero ¿cómo me ha dado o venido? ¿En qué consiste? Lo ignoro y tan torpe me vuelve este desánimo que me cuesta conocerme». Robert Burton, clérigo inglés del siglo XVI, se describía a sí mismo como melancólico y pensaba que era una enfermedad de la que nadie estaba libre: «Ningún hombre vivo, ni siquiera el estoico; nadie es tan sabio, nadie tan feliz, nadie tan paciente, tan generoso, tan divino o tan piadoso que pueda defenderse: la melancolía en este sentido es una característica inherente al hecho de ser criaturas mortales».

La tristeza, como ya apuntábamos antes, es un sentimiento que surge cuando uno pierde algo que tenía y que valoraba, por lo que siente desesperanza y desconsuelo. Todo se visualiza como sombrío y gris, pero se trata de un sentimiento que, como la alegría, debe ser compartido y expresado, a menudo con lágrimas. Pero distingamos entre *ponerse triste,* que indica que algo ha sucedido o me falta, como la muerte de un ser querido o una ruptura de pareja (esa tristeza se conoce como «duelo»; con el paso del tiempo se solucionará y, por lo general, seremos capaces de afrontarla si recibimos el apoyo y el consuelo adecuados), y *estar triste,* que es cuando no podemos identificar el motivo de ese sentimiento, pero notamos que nuestro estado de ánimo está alterado. Es lo que sucede en la depresión, una enfermedad que puede llegar a ser grave si no se detecta y no se trata a tiempo, y en la que se produce una alteración en los niveles de liberación de neurotransmisores —en especial, de serotonina—, que desemboca en pérdida del apetito, trastornos del sueño, irritabilidad, ansiedad e incapacidad de disfrutar y de experimentar placer (anhedonia).

Pero *estar triste* no es lo mismo que *ser triste*, que es más un rasgo de personalidad —conectado con la melancolía—, un modo de actuar ante lo que nos sucede y una disposición a reaccionar con tristeza. Del mismo modo, *estar triste* y tener una depresión son cosas muy diferentes. Veamos el caso de Carmen para ilustrar esa distinción:

Carmen es una ingeniera de cuarenta y cinco años, casada desde hace doce con un médico y con dos hijos varones de once y una niña de siete. No tiene ninguna enfermedad médica relevante ni alergias de ningún tipo. Lleva una vida sana, su dieta es saludable y hace algo de ejercicio —no tanto como le gustaría porque está muy ocupada—. No fuma y mantiene un peso normal. Nunca antes había ido al psiquiatra y ahora acude porque desde hace dos meses se encuentra triste, abatida y sin ganas de hacer nada. No hay ningún problema en su relación de pareja, tiene muchas y buenas amigas, se lleva bien con sus padres y hermanos... y, sin embargo, se siente sola. Últimamente se nota mucho más tensa e irritable; las disputas con su marido son más frecuentes y se cansa de estar con sus hijos. En dos ocasiones ha perdido el control con ellos, su reacción ha sido brusca y excesiva, y ha llegado a insultarlos, lo que la hace sentirse muy culpable. Lleva una temporada en la que solo quiere estar encerrada en su cuarto, dice que los pensamientos negativos la dominan y que incluso ha pensado que la vida no vale la pena.

Sin embargo, en los últimos meses no ha sucedido nada que explique esas alteraciones en su estado de ánimo, salvo, quizá, el estrés laboral y la llegada de un jefe nuevo con el que no se entiende bien. Cuando está en el trabajo, comete errores impensables en ella, que es una persona meticulosa y ordenada. También se olvida de cosas sencillas o que formaban parte de su rutina, como planificar los menús familiares. «No soy la sombra de lo que era» es la frase con la que Carmen resume su estado de ánimo.

Como decimos, su apetito se ha visto afectado considerablemente: por el día apenas come, pero por la noche se atiborra de dulces y galletas, algo que nunca había hecho. Le cuesta muchísimo conciliar el sueño y, cuando lo logra, se despierta a las pocas horas y con la sensación de no haber descansado. Durante los fines de semana, Carmen intenta distraerse, pero las actividades que antes le entusiasmaban, como pasear, ver a sus amigas, estar con sus hijos y jugar al tenis con su marido, ahora no le gustan. No disfruta haciendo nada y, si queda de salir con alguna amiga y le pregunta cómo se siente, al instante se pone a llorar.

Su marido y sus hijos intentan ayudarla y hacerla reír, pero no entienden qué le sucede y no encuentran ningún motivo que explique por qué una mujer que siempre ha sigo alegre, positiva y fuerte —superó la muerte de su hermano en un accidente de tráfico cuando tenía dieciocho años— se siente tan triste y abatida.

¿Podríamos pensar que el estrés laboral ha sido el causante del malestar de Carmen y que si este desaparece volverá a ser la misma? La respuesta es no, porque, como ya hemos dicho, la tristeza es un sentimiento «normal» que surge cuando perdemos algo o cuando nos sucede algo —es reactivo—, una especie de «malestar de la vida» provocado por el desencuentro con su jefe... Sin embargo, si analizamos el caso con más profundidad, nos daremos cuenta de que su tristeza y su anhedonia ocultan algo más. En efecto, Carmen está sufriendo un episodio depresivo y su tristeza es el síntoma de un trastorno mental.

Como señalan muchos de sus biógrafos, el propio Charles Darwin (1809-1882) padeció episodios depresivos y neurosis de ansiedad. La tristeza lo acompañó durante toda su vida y llegó a preguntarse si, quizá, ese sentimiento tenía algún sentido desde un punto de vista evolutivo. Pronto se dio cuenta de que la tristeza —no la depresión— la sienten multitud de animales y está presente en todas las culturas. Por tanto, si no tuviera algún sentido, la propia selección natural la habría eliminado.

Hay investigadores que piensan que la tristeza tiene su lado positivo, y lo cierto es que las personas que tienden a la melancolía son más sensibles y perciben mejor las emociones de los demás. Su pensamiento es más analítico y muestran una mayor capacidad para resolver problemas sociales. Por tanto, en este sentido, la tristeza posee su lado bueno, ya que permite sobrevivir al que la siente, aun cuando parezca que el mundo haya perdido su sentido tras una pérdida importante. Dicho con otras palabras: conocer el *sentido* de la tristeza ayuda a conocer al ser humano.

Sin embargo, la depresión es una enfermedad para la que hay tratamiento. Sin él, Carmen no se recuperará o tardará mucho en hacerlo, lo que tendrá importantes consecuencias en su trabajo y en su vida cotidiana. Carmen tiene alterado su nivel de liberación de neurotransmisores, por lo que necesitará algún fármaco y terapia cognitiva para transformar sus pensamientos negativos y hallar cierta serenidad que le permita ver las cosas de otra manera. Si no recibe tratamiento, se volverá aún más vulnerable al estrés de la vida cotidiana y lo más probable es que los síntomas de depresión no desaparezcan o reaparezcan en cualquier otra ocasión.

En 2012, el médico Mario Maj, expresidente de la Asociación Mundial de Psiquiatría, propuso tres preguntas para establecer el límite entre la tristeza y la depresión. La primera es una pregunta de concepto (¿qué causa la tristeza que siento?), ya que la tristeza «normal» es proporcional a la situación o al acontecimiento que la ha provocado. La segunda pregunta es cualitativa (¿es tan importante lo que ha sucedido como para hacer que me sienta tan triste?), ya que la tristeza debe ser proporcional al hecho que la ha provocado. Por sí sola, esta pregunta no nos permite establecer el límite entre la tristeza y la depresión, porque no tiene en cuenta otras situaciones que pueden influir al mismo tiempo (por ejemplo, si rompo con mi pareja me sentiré muy triste, pero si, además, tengo una enfermedad o problemas económicos, la tristeza será aún más intensa). La tercera pregunta es más pragmática (¿será útil y eficaz aplicar un tratamiento para paliar la tristeza que siento?). Por ejemplo, en el caso de Carmen, está claro que tratar su tristeza como el síntoma de una enfermedad tendrá beneficios directos, porque al recibir el tratamiento adecuado se recuperará antes, podrá volver a disfrutar y será menos vulnerable al estrés «normal» de la vida cotidiana.

La falta de ilusión, la apatía, la desesperanza, la desmotivación y el pesimismo también son síntomas y afectan a nuestra forma de pensar sobre nosotros mismos y los demás. Por lo general, aparecen ideas de inferioridad, de minusvalía, e incluso es probable que se piense que la vida no tiene sentido y que no vale la pena seguir adelante. Asimismo, la depresión también afecta a nuestra concentración, a nuestra toma de decisiones e incluso a la memoria. Así, si se dan todos estos síntomas conjuntamente y no hallamos un motivo claro que los haya causado, estaremos hablando de depresión, entendida como enfermedad, y deberemos aplicar el tratamiento adecuado.

### DIAGNÓSTICO DE LA DEPRESIÓN

Las depresiones son —y vienen siéndolo desde hace décadas— un tema de máximo interés no solo para los psiquiatras, sino también para los médicos de otros ámbitos y para la población general. Su prevalencia es elevada y va en aumento: se sabe que una de cada cinco personas padecerá un trastorno del estado de ánimo durante su vida, y en los pacientes con alguna patología médica se presenta en un 10-20 % de los casos. Actualmente, la depresión afecta a casi trescientos millones de personas, y en su aparición y evolución influyen factores genéticos y ambientales, aunque también se han encontrado alteraciones neurobiológicas que permiten el desarrollo de tratamientos eficaces.

Se trata de una de las enfermedades que más afecta a nuestra calidad de vida, ya que, si el paciente no recibe el tratamiento adecuado, no se recuperará o lo hará parcialmente, lo que lo volverá mas frágil y vulnerable al estrés de la vida cotidiana.

La depresión puede aparecer en cualquier etapa de la vida —también en la infancia—, aunque es más frecuente en la mediana edad y en la vejez. Se manifiesta por igual en hombres y en mujeres, aunque la incidencia parece mayor en las segundas debido a factores hormonales relacionados con el ciclo reproductivo, así como a factores psicosociales.

Asimismo se ha demostrado que la incidencia de la depresión es más alta en países donde hay menos horas de luz solar al día, ya que esta estimula el sistema inmunitario y la liberación de melatonina (precursor de la serotonina, que, como hemos visto, es el neurotransmisor que más se relaciona con nuestro estado de ánimo). Los factores psicosociales también influyen, ya que, al haber menos horas de luz, las personas pasan más tiempo en casa, con lo que la sensación de aislamiento es mayor y da pie a que aparezcan la tristeza, la melancolía y el abatimiento.

En muchas ocasiones, no sabemos con certeza a qué nos referimos cuando hablamos de depresión y utilizamos esa palabra para referirnos a tres cosas distintas: a veces recurrimos a la frase «estoy deprimido» para expresar que nos sentimos tristes —es decir, utilizamos «depresión» para indicar un sentimiento—. Otras veces, para indicar un síntoma —apatía, cansancio, desgana— que se asocia a otras enfermedades, como puede ser una infección que causa fiebre o una dolencia que en sí misma nos provoca preocupación y malestar.

Lo importante es destacar que los síntomas de la depresión son muchos y van más allá de la tristeza. En los episodios depresivos típicos, el enfermo está, además de triste, ansioso, y el sentimiento de vacío parece acompañarlo a todas horas. No le interesa realizar actividades de las que antes disfrutaba, incluyendo las relaciones sexuales. Se produce una clara disminución de su vitalidad, que da lugar a una sensación de cansancio desproporcionada. Asimismo, su capacidad de atención y de concentración disminuye notablemente, lo que provoca pérdida de la confianza en sí mismo y sentimientos de inferioridad. A los pacientes con depresión les cuesta muchísimo conciliar el sueño y es frecuente que despierten de madrugada con angustia. También pierden el apetito y, en ocasiones, sufren dolores de cabeza, trastornos digestivos y otros dolores crónicos.

Los cambios en la actividad —física y psíquica— del sujeto deprimido llaman la atención de quienes lo rodean. Por lo general, su aspecto es más apagado y sus movimientos más lentos.

Los síntomas más habituales que presentan los manuales diagnósticos más actualizados son los siguientes:

- Pérdida del interés y de la capacidad de disfrutar de actividades que anteriormente eran placenteras.
- Pérdida de reactividad emocional a acontecimientos y a circunstancias ambientales placenteras.
- Despertar por la mañana dos o más horas antes de lo habitual.
- Empeoramiento vespertino del humor.
- Presencia objetiva de inhibición y agitación psicomotrices (observadas o referidas por terceras personas).
- Pérdida notable del apetito.
- Pérdida de peso (del orden del 5 % o más del peso corporal en el último mes).
- Pérdida marcada de la libido.

Uno de los síntomas más habituales y que por sí mismo origina un número considerable de consultas al médico es el insomnio. Casi siempre, el paciente se despierta antes de lo habitual (insomnio de mantenimiento), aunque también le cuesta mucho quedarse dormido (insomnio de conciliación). En todos los casos, la calidad del sueño es mala.

Hasta hace no muchos años se creía que las depresiones podían ser endógenas —sin causa aparente— o exógenas —resultado de acontecimientos vitales estresantes—. Sin embargo, a día de hoy sabemos que siempre hay situaciones o circunstancias que han precipitado la aparición del episo-

dio depresivo. Los acontecimientos vitales estresantes asociados a la depresión son especialmente importantes cuando se dan en la infancia, y la falta de apoyo social y de
«confidentes» se ha relacionado con un mayor riesgo
de padecer depresión y con un peor pronóstico una vez
diagnosticada la enfermedad.

Sabemos que hay causas psicosociales y culturales, pero
la genética también influye. Aunque no hay un «gen» espe-
cífico que determine la aparición de una depresión (se han
identificado 357 alteraciones genéticas como posibles causas), se ha comprobado que los familiares de pacientes
depresivos tienen tres veces más probabilidades de padecer
la enfermedad. Desde un punto de vista neurobiológico, se
cree que el déficit de serotonina es la causa principal, aunque también se ha observado una disminución en la concentración de noradrenalina y de dopamina; de ahí que los fármacos que los psiquiatras recetamos vayan dirigidos a
recuperar el equilibrio de esos neurotransmisores. También
se han identificado alteraciones endocrinológicas en el hipo-
tálamo-hipofiso-suprarrenal, así como un aumento de cortisol (la hormona que se libera en las situaciones estresantes)
y alteraciones en la microbiota (flora intestinal), aunque no
se sabe si dichas alteraciones son la causa o la consecuencia.

El tratamiento de las depresiones ha avanzado mucho en
los últimos años, hasta el punto de poder afirmar que la
mayor parte se pueden curar. Además del tratamiento antide-
presivo, debe establecerse un tratamiento para los síntomas
asociados. Por ejemplo, si el paciente sufre insomnio, se

deben recomendar pautas de higiene del sueño (acostarse siempre a la misma hora, evitar el consumo de alcohol o bebidas excitantes, no comer o realizar deporte justo antes de acostarse), un hipnótico, si es preciso, y, sobre todo, ejercicio, como pasear al menos una hora diaria. También se aconseja que el paciente acuda a revisión con frecuencia para valorar su estado, los efectos secundarios de los fármacos e iniciar un tratamiento psicoterapéutico. El tratamiento farmacológico debe mantenerse al menos durante seis meses para evitar recaídas, aunque, por lo general, se recomienda que se mantenga de tres a cinco años e incluso de manera indefinida.

La técnica de psicoterapia cognitiva es una de las más utilizadas. Se basa en la idea de que el individuo es capaz de modificar su comportamiento si cambia su manera de pensar sobre sí mismo. Este tipo de terapia está especialmente indicado cuando los sentimientos de inutilidad y de culpa van acompañados de un desinterés cada vez mayor por la vida propia y cuando la respuesta al tratamiento farmacológico no es la esperada. Sin embargo, si el paciente muestra «preocupaciones realistas» (problemas económicos o familiares) habrá que considerar las *técnicas de resolución de problemas* y/o *estrategias de afrontamiento,* basadas en la idea de que los síntomas emocionales por lo general están causados por «problemas de la vida», por lo que, si estos se van resolviendo de manera estructurada, el paciente recuperará la sensación de control de su propia vida y podrá afrontar con mayor soltura las dificultades que aparezcan en el futuro.

## Entre la euforia y la depresión: el trastorno bipolar

Veamos un caso clínico que describe el trastorno emocional y mental que se produce cuando la alegría excesiva (euforia) se vuelve patológica; es decir, cuando pasa a ser un síntoma de una enfermedad.

> Jorge tiene veinticinco años y está terminando sus estudios de informática, pues desde pequeño ha querido ser diseñador de videojuegos. Tiene dos hermanas mayores con las que se lleva razonablemente bien. Todos viven con sus padres, que son profesores de preparatoria.
>
> Jorge, que no ha tenido ninguna enfermedad de importancia, siempre ha sido una persona sana; se adaptó bien a la primaria y a la secundaria, y obtuvo buenos resultados. Al final de su adolescencia vivió una etapa —unos tres años— de rebeldía: fumaba cannabis y bebía alcohol en exceso, sustancias que finalmente abandonó porque afectaban a su concentración y lo hacían estar más irritable.
>
> Jorge lleva varias semanas durmiendo poco. Se despierta muy temprano y con la sensación de no haber descansado lo suficiente. Sin embargo, siente que su mente está despejada y se pone a trabajar en sus diseños de videojuegos. Se concentra tanto que las horas se le pasan volando y ni siquiera nota si tiene hambre o sed.
>
> Sus padres y hermanas han comenzado a percibir que Jorge está extremadamente contento, que habla mucho, que las cosas que cuenta son poco realistas, que está irritable y no es capaz de pensar con serenidad. Está convencido de que el trabajo que está haciendo será premiado y que lo

llamarán de una universidad norteamericana para impartir clases y enseñar sus diseños... Solo habla de esto y es incapaz de escuchar o de atender otros asuntos. Asegura que está muy alegre, pero las personas de su entorno piensan que quizá, más que alegre, esté eufórico.

Una mañana Jorge empieza a hablar de manera inconexa, muy alto, y ni sus padres ni sus hermanas logran entenderle. Se ríe sin parar y está muy agitado. Ha perdido el juicio de realidad. Entonces su familia decide llamar al médico, que recomienda su ingreso en el hospital para valorarlo. Él se niega y dice que son los demás los que están mal. Al final lo ingresan durante unos días y, gracias a la medicación, su estado se normaliza.

Como vemos, la alegría normal se vuelve patológica si es excesiva y si va acompañada de otros síntomas, como alteración del sueño, irritabilidad y un estado de ánimo exaltado, como pasa en la depresión que, como hemos visto, siempre tiene otros síntomas asociados, como las alteraciones del sueño o el apetito, o la incapacidad de disfrutar de las cosas. En realidad, Jorge padece un episodio hipertímico, y como no toma ni drogas ni alcohol, lo más probable es que se trate de un episodio maníaco propio de un trastorno bipolar.

Esta enfermedad no puede confundirse con los altibajos normales que todos tenemos en un momento dado. En el trastorno bipolar, los cambios en el estado de ánimo van de un extremo a otro. Así, en los episodios maníacos, una persona puede sentirse muy feliz, irritable u optimista, y se produce un marcado aumento en el nivel de actividad. Por el contrario, en los episodios depresivos, la persona puede sentirse triste, indiferente o desesperada, y muestra un nivel de actividad muy bajo. En resumen: el estado mental del paciente pasa de la alegría extrema —euforia— a la tristeza igualmente extrema —depresión—, y los síntomas se agudizan con los cambios de estación, sobre todo en otoño o primavera.

El trastorno bipolar (TB) es una de las patologías psiquiátricas más graves y se caracteriza por una alteración del estado de ánimo que viene marcada tanto por la depresión como por la manía, y que afecta muy seriamente a la vida de los pacientes y a la de sus familiares. Suele presentarse durante los últimos años de la adolescencia o al inicio de la edad adulta. Afecta al 4 % de la población y es un trastorno crónico que suele requerir tratamiento durante toda la vida, lo que no significa que los síntomas permanezcan. Las personas que sufren esta enfermedad pasarán largos períodos sin síntomas, pero necesitarán medicación, no porque estén mal, sino para evitar recaídas. La tasa de recurrencia es muy elevada, próxima al 90 %.

En los últimos años han aparecido datos neurobiológicos que han llevado a considerar el trastorno bipolar como una enfermedad independiente y no relacionada con la depresión. Aunque los pacientes tengan episodios depresivos, en el TB se produce una alteración de las emociones y del control cognitivo. El tratamiento farmacológico más habitual es un estabilizador del ánimo, como el litio, que aporta estabilidad emocional y evita esa alternancia de episodios de euforia y de depresión.

En resumen, sentimientos de la vida cotidiana, como son la alegría o la tristeza pueden convertirse en síntomas de enfermedades relacionadas con nuestro estado mental si son muy intensos y si, además, se acompañan de otros síntomas. Entonces aparecerán los episodios depresivos o el trastorno bipolar, que son enfermedades propiamente dichas —y no modos de ser o de estar— y requerirán tratamientos psicofarmacológicos y/o psicoterapéuticos.

# 6
# La alegría como vivencia

El filósofo y escritor Henri Bergson (1859-1951), premio Nobel de Literatura en 1927, definió el concepto de vivencia de la siguiente manera:

Una persona puede estudiar minuciosamente el plano de París; estudiarlo muy bien; anotar uno por uno los diferentes nombres de las calles; estudiar sus direcciones; luego puede estudiar los monumentos que hay en cada calle; puede estudiar los planos de esos monumentos; puede repasar las series de las fotografías del Museo del Louvre, una por una. Puede llegar de esa manera a tener una idea realmente clara, muy clara, clarísima, detalladísima de París...

Esta idea podrá ir perfeccionándose cada vez más, conforme a que los estudios de este hombre sean cada vez más minuciosos; pero siempre se tratará de una idea. En cambio, veinte minutos de paseo a pie por París son una vivencia.

En efecto, veinte minutos de paseo por París en un día de primavera, soleado y tranquilo, pueden ser simplemente un paseo o convertirse en una *vivencia,* esto es, en una experiencia que nos acompañará siempre, porque creará recuerdos, formará parte de nuestra memoria y nos evocará sentimientos de alegría. Esto es así porque, tras la emoción del paseo, se ponen en marcha otras funciones, como los sentimientos (la alegría), pero también los pensamientos (nos damos cuenta de lo que estamos sintiendo) y la memoria (durante el paseo recordaremos lo que sabíamos sobre París). Traeremos a la consciencia lo aprendido mediante la evocación, que es el proceso que nos permite encontrar lo almacenado en la memoria, y, además, durante ese *paseo consciente,* activaremos nuestra atención para poder crear recuerdos.

De nosotros mismos depende que algunas experiencias, algunos acontecimientos, se conviertan en vivencias. Si nací y he vivido siempre en París, quizá un paseo de veinte minutos no me llame la atención y solo sea una manera de desplazarme de un lugar a otro. Sin embargo, si presto atención y observo lo bella que es la ciudad y cómo me siento por poder disfrutarla, seré capaz de convertirlo en una vivencia. Por el contrario, si durante los veinte minutos que dura el paseo voy pensando en lo que me preocupa o me disgusta, el paseo no se convertirá en vivencia y ni siquiera lo recordaremos. Como dijo el profesor López-Ibor, «vivenciar es convertir un hecho o un acontecimiento en un hecho histórico y personal», definición que conecta con la de la Real

Academia Española, que señala que una vivencia es la «experiencia, hecho o suceso que vive una persona y que contribuye a formar su personalidad».

La palabra «vivencia» es relativamente nueva. Se cree que fue Georg F. Hegel quien, hacia 1870, utilizó por primera vez el término *Erlebnis,* del alemán *Leben,* «vivir», y de ahí a la castellana «vivencia». Según Manuel García Morente, filósofo, sacerdote y traductor, entre otras cosas, de toda la obra de Immanuel Kant, el término «vivencia» fue «introducido en el vocabulario español por los escritores de la Revista de Occidente», es decir, en la década de los años veinte del siglo pasado.

Así pues, una vivencia es una experiencia real que conecta directamente con lo que estamos sintiendo y con nuestra personalidad. El filósofo Wilhelm Dilthey (1833-1911) fue quien diferenció las ciencias naturales, que son objetivas y explican lo sucedido como relaciones causa-efecto, de las humanidades, que él llamó «ciencias del espíritu» —entre las que se encontrarían la filosofía, la historia, la sociología o la psicología—, basadas en la *comprensión* de lo sucedido. Además, Dilthey creía que la vivencia era el objetivo y el fundamento del conocimiento, porque, en definitiva, las vivencias son las cosas que al hombre *le pasan.* Uno de nuestros filósofos más conocidos, José Ortega y Gasset, aconsejaba que debíamos reflexionar sobre las cosas que nos suceden para que no nos pasen inadvertidas, para que podamos aprender de ellas, pero también para disfrutarlas, sentirlas, vivirlas o revivirlas, si son vivencias agradables, o rechazarlas si son desagradables.

Lo que nos sucede puede cambiar nuestra manera de afrontar o resolver los problemas, e incluso el sentido de nuestras vidas y de la vida en general, si lo experimentamos como una vivencia, para lo cual deberán intervenir varias funciones mentales, como las sensaciones, que percibimos mediante los sentidos; la memoria; nuestra habilidad para hacer frente a los problemas; nuestros pensamientos y, sin duda, nuestros sentimientos y emociones. La conjunción de todo ello nos permite ser conscientes de nosotros mismos como personas únicas, independientes y vivas.

Comencé este libro pensando que la alegría era un sentimiento, pero a medida que he ido avanzando me doy cuenta de que es mucho más que un sentimiento positivo o un estado de ánimo, porque se relaciona con la manera en que cada cual afronta la vida, con eso que nos hace iguales a nosotros mismos y diferentes a los demás..., es decir, con la personalidad. Porque puede ser un rasgo o una disposición a actuar de una determinada manera, pero también un modo de pensar que podemos elegir contrarrestando los pensamientos negativos con los positivos.

La alegría no solo se siente y se piensa, sino que se vive, se experimenta y puede llegar a dar sentido a nuestra vida. Porque sí, la alegría se puede buscar, la podemos encontrar y la podemos convertir en una vivencia relacionada con sentimientos como la serenidad, la paz y la esperanza, y con virtudes como la fortaleza, la templanza, la prudencia, la justicia o la gratitud.

## LA EXPERIENCIA DE NOSOTROS MISMOS: LA VIVENCIA CORPORAL

Cómo percibimos y experimentamos nuestros cuerpos se relaciona significativamente con cómo nos percibimos a nosotros mismos.

PIERRE JANET

El psicólogo, neurólogo y filósofo francés Pierre Janet (1859-1947) descubrió el papel fundamental que juega nuestra experiencia corporal en nuestra forma de percibirnos a nosotros mismos. El ser humano nunca experimenta nada externo a él sin que, de alguna manera, se experimente simultáneamente a sí mismo. El cuerpo, además de ser parte de nuestra identidad, es esencial y desempeña un papel clave en cómo pensamos y en cómo nos sentimos, e influye directamente en la manera que tenemos de relacionarnos con los demás.

La psicóloga Jessica Crossley ha descrito el cuerpo como «el armazón del comportamiento que permite a cada uno adquirir hábitos nuevos, ampliar sus destrezas, capacidades y habilidades, ejercer un dominio sobre él e imponerle una disciplina». En efecto, desde pequeños tratamos de vernos bien y sabemos que hay ropa y peinados que nos favorecen más que otros, por lo que recurrimos a ellos obedeciendo a esa tendencia natural del ser humano que consiste en intentar ofrecer la mejor imagen de uno mismo.

La capacidad de percibir la belleza es propiamente humana —los animales no la perciben—, y cuando nuestro cerebro interpreta algo como bello se activa el circuito de recompensa (hablamos de ello en el capítulo 3), el mismo que se activa cuando hacemos algo placentero o cuando se consumen sustancias adictivas.

Se sabe que los neandertales ya se maquillaban y que en las pinturas rupestres utilizaban ciertos pigmentos por motivos puramente estéticos. Los antiguos egipcios utilizaban polvos negros o verdes para pintarse los ojos, y los romanos, además de cuidar mucho los peinados, consideraban más bella a una mujer que tuviera la piel blanca y las mejillas sonrojadas. En la Edad Media, las mujeres más hermosas lucían cabellos rubios y tenían un rostro ovalado, labios finos y nariz pequeña. En el Renacimiento, el ideal de belleza era el de una mujer de cuerpo curvo con piel blanquecina, cejas poco pobladas y frente despejada. Ya en el siglo XVI, los monjes de Santa María Novella crearon el primer laboratorio de productos cosméticos y medicinales, y aparecieron los primeros escritos sobre estética femenina. Las diferentes culturas de la historia han ido variando en su concepción de lo estético o de lo bello, pero, sea como fuera, el ser humano siempre ha dirigido su mirada hacia la belleza y hacia lo que nos parece estético y bonito.

La estética personal también se relaciona directamente con nuestros sentimientos y nuestro estado de ánimo. A todos nos ha ocurrido sentirnos tristes o bajos de ánimo y, sin darnos cuenta, buscar en el clóset prendas de colores oscuros o apagados. Y viceversa. Winston Churchill, en plena Segunda Guerra Mundial, creó el eslogan «la belleza es tu deber» para referirse al lápiz labial como un objeto de primera necesidad —más necesario que la gasolina—, porque su uso mejoraba la moral de la población. Para el líder británico, que las mujeres llevaran los labios pintados de rojo las hacía sentirse más fuertes, seguras y atractivas, sentimientos necesarios en tiempos de crisis.

El proceso de entender la imagen de nuestro cuerpo depende, por un lado, de la realidad objetiva, asociada con la percepción real de la forma, de la dimensión, del peso, etc., y, por otro lado, de la *realidad subjetiva,* relacionada con nuestra personalidad y forma de ser. Pero, para entender bien ese proceso debemos detenernos en lo que se conoce como interocepción, o percepción interna, que es cuando nuestro cerebro recibe las señales que nuestro propio cuerpo envía, para, posteriormente, realizar un «mapa» de la representación interna del cuerpo. La interocepción, por tanto, hace que seamos conscientes de nuestro propio cuerpo, que lo sintamos como una experiencia subjetiva, cognitiva y emocional que desempeña un papel clave en nuestro comportamiento.

Esta construcción dinámica del esquema y la imagen corporal se crea en un circuito cerebral en el que están integrados los siguientes elementos:

- El *lóbulo parietal,* específicamente su región posterior, que se relaciona con la atención y la conciencia del propio cuerpo.
- La *ínsula* y la porción anterior del lóbulo temporal, que se encargan de la memoria y reconocimiento emocional, incluidas las sensaciones corporales.
- La *corteza prefrontal medial,* encargada de integrar la información relevante sobre la propia identidad de nuestro cuerpo y de uno mismo.

La adquisición de la experiencia corporal es un proceso extendido en el tiempo que se organiza, desde un punto de vista cerebral, mediante la adquisición de estímulos sensoriales a través de un proceso cerebral denominado *bottom-up,* que consiste en que el cerebro organiza la información que recibe a partir de la estimulación sensorial —lo que percibimos por nuestros sentidos— y de nuestras sensaciones corporales. Una vez consolidado el *bottom-up,* se produce el *top-down,* mediante el cual el cerebro genera nuestra propia experiencia corporal.

En diversas enfermedades psiquiátricas, la experiencia —o la vivencia— corporal se ve alterada. Un ejemplo claro es la anorexia, enfermedad que, entre otras cosas, consiste en que quienes la sufren no están conformes con su aspecto y piensan que deben seguir perdiendo peso a pesar de que este sea ya muy inferior al adecuado en función de la edad, la altura y la masa corporal. Esas personas se perciben y se sienten mal con su cuerpo, llegando incluso a odiar su ima-

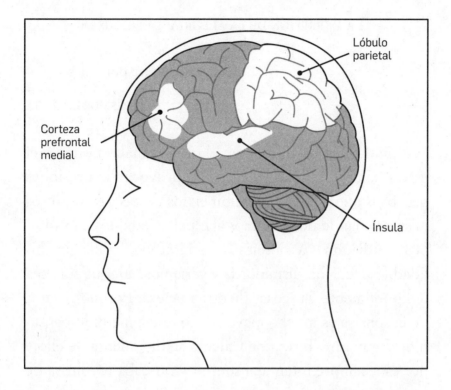

Lóbulo parietal

Corteza prefrontal medial

Ínsula

gen. Por ello, no se trata solo de un trastorno de la alimentación, sino de una alteración de su experiencia o de su vivencia corporal.

Una adecuada vivencia corporal es fundamental para entendernos a nosotros mismos, ya que nos permite aceptarnos y valorarnos. Como bien dijo el filósofo Xavier Zubiri (1898-1983), todos necesitamos una correcta «vivenciación del hacer, sentir, pensar y querer». En este sentido, la alegría hará que nos percibamos a nosotros mismos mejor y que nos sintamos bien, lo que aumentará nuestra estimación propia y nos permitirá relacionarnos con los demás de una manera más sana y flexible.

## LA EXPRESIÓN DE LA ALEGRÍA: LA SONRISA

La paz comienza por una sonrisa.

TERESA DE CALCUTA

Vivimos en un mundo en el que las malas noticias, el estrés, la irritabilidad y la tensión provocan expresiones negativas que podemos percibir en los demás y en nosotros mismos cuando nos miramos al espejo y estamos enojados. Si aprendiéramos a sonreírnos y a mirarnos con más amabilidad, esa tensión disminuiría y veríamos, aunque solo sea temporalmente, las cosas de otra manera. Porque el valor de la sonrisa es mucho mayor de lo que a menudo pensamos. La madre Teresa de Calcuta se dio cuenta de ello y por eso siempre intentaba sonreír y buscaba la sonrisa de los que tenía cerca.

A los pocos días de nacer, el bebé es capaz de sonreír, por lo que podemos considerar que se trata de un gesto innato —no aprendido—. Así, la sonrisa y el llanto son desde los primeros días una manera de comunicación que se mantiene hasta que el pequeño empieza a hablar.

Como no podía ser de otra manera, la sonrisa y la capacidad de percibirla e interpretarla en los niños pequeños se relacionan con la vista. El desarrollo de la visión es un proceso complejo que lleva meses. Al nacer solo somos capaces de seguir con la mirada objetos o personas que estén muy cerca, a unos veinte o treinta centímetros, una distancia que permite establecer vínculos y apegos con personas a las que identificamos como familiares. La visión en profundidad tarda mucho más en aparecer, lo que en cierto sentido puede considerarse un recurso de protección, ya que, al no ver lejos, el bebé no experimentará ansiedad ni miedo a lo desconocido.

A las pocas semanas será capaz de identificar algunos rasgos faciales y, más adelante, la cara completa, lo que le permitirá distinguir los rasgos más conocidos —los de sus padres—, pese a que la visión sea borrosa. Alrededor de los dos meses, la visión se vuelve más clara, lo que le permite percibir detalles, sobre todo, los colores llamativos. Poco a poco el bebé irá desarrollando la visión binocular y el enfoque visual, momento en el que, además, ya será capaz de coordinar sus movimientos para poder explorar el mundo que le rodea.

Como vemos, la visión del bebé no se desarrolla hasta pasados unos meses, y, sin embargo, la sonrisa aparece casi desde el primer momento. Pero ¿qué función desempeña? La sonrisa le aporta calma, le da seguridad y le permite establecer vínculos de apego que son fundamentales para un desarrollo sano, equilibrado, estable y con autocontrol emocional. La sonrisa del bebé, a diferencia de la del adulto, es siempre una sonrisa real, no forzada. ·

Desde un punto de vista evolutivo, se cree que, probablemente, la sonrisa humana deriva de un gesto de sumisión de los primates, que consiste en mostrar los dientes apretados, pero con los labios relajados, gesto que indica que el animal no tiene intención alguna de hacer daño…

Sea como fuera, los niños, sobre todo los más pequeños, sonríen mucho más que los mayores, quizá unas tres-
cientas o cuatrocientas veces frente a las cincuenta, o
menos, que lo hacen los adultos. Estos, desde antes de la
adolescencia, muestran dos tipos de sonrisa: la real, que es
con la que nacemos, y la forzada; aunque son parecidas, no
transmiten ni provocan lo mismo. La sonrisa real es conocida como la *sonrisa de Duchenne* en honor al médico y
neurólogo francés Guillaume Duchenne (1806-1875), des-
cubridor de enfermedades como la parálisis producida por
la sífilis (tabes dorsal) o la distrofia muscular. Este se dedi-

có, junto a Charles Darwin, a estudiar las expresiones del ser humano (muchas de ellas compartidas con los animales) y observó que en la sonrisa real se activan los músculos orbiculares y varios de la región de la boca, sobre todo los músculos cigomáticos mayores y menores —en las mejillas y los labios— y los risorios, muy pequeños y de forma triangular, que se encuentran en la región de la parótida y en la comisura labial.

Además, en la sonrisa verdadera o real se activan otros músculos, como los de la región ocular —orbiculares—,

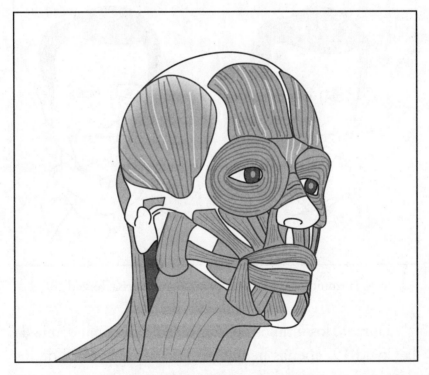

Tenemos cerca de cuarenta y siete músculos faciales cuya única función es la de expresar los estados emocionales.

que tienen forma de anillo y constan de tres partes: párpado, lacrimal y órbita. Estos músculos se contraen y el ojo parece más pequeño.

Por el contrario, en la sonrisa forzada no se arrugan los ojos y no suele ser simétrica: si eres diestro, la zona izquierda de la boca se arrugará un poco más que la derecha, porque el hemisferio derecho se identifica tradicionalmente con nuestra parte más emocional.

A la izquierda, una sonrisa real. A la derecha, forzada.

Durante los últimos dos años, debido a la pandemia de la Covid-19, apenas hemos podido ver la sonrisa de los demás y hemos tenido que acostumbrarnos a mirar directamente a los ojos. Aun así, el uso de las mascarillas no nos ha impedido entender los gestos y la parte no verbal de la comunicación de las demás personas, y hemos sido capaces de saber, solo con mirar a los ojos, si una persona se estaba riendo o sonriendo, o si esa sonrisa era de verdad o forzada.

La sonrisa voluntaria o forzada activa áreas como la corteza motora, que hace que algunos músculos, como los de la zona de debajo de la ceja y el músculo risorio, no se contraigan. Un buen ejemplo sería la sonrisa de *La Gioconda,* de Leonardo da Vinci, quizá la sonrisa más estudiada del mundo por su misterio y por el enigma que transmite. El misterio reside en que es una sonrisa asimétrica —no es

Para ver sonreír a la Mona Lisa hay que mirarla a los ojos, no a su sonrisa.

igual en los dos lados de la cara—, por lo que el efecto que nos produce cuando miramos el cuadro no siempre es el mismo: unas veces parece que sonríe y otras veces no, o no tanto.

El cuadro refleja los límites de la sonrisa. Leonardo, que conocía perfectamente la anatomía humana, era muy observador y quiso causar esa ambigüedad y suscitar un gran interés en el cerebro del que mira el retrato, que no para de buscar una interpretación coherente a la enigmática sonrisa.

Como ya hemos mencionado, la sonrisa es capaz de influir en nuestro cerebro, ya que cuando sonreímos activamos algunas áreas relacionadas con las emociones y se produce la liberación de neurotransmisores que tienen que ver con sentimientos positivos y con el placer, como la dopamina y la serotonina. Además, si, por ejemplo, vemos una sonrisa atractiva, se activará la corteza orbitofrontal —en el circuito de la recompensa—, y si, además de la sonrisa, hay una risa contagiosa, se activará la corteza cingular, que hará que nosotros también nos riamos.

En un curioso estudio realizado por las investigadoras alemanas Abel y Kruger (2010) se demostró que las personas que sonríen más tienen una esperanza de vida mayor (vivían una media de 7.5 a 10 años más) que quienes no lo hacen. Estudiaron las fotos de la primaria, de la secundaria y de la universidad de casi cien personas, y las que sonreían más en las imágenes eran las que habían vivido más tiempo. Por si fuera poco, las personas que sonríen sinceramente y que lo hacen con frecuencia acaban desarrollando rasgos de personalidad más adaptativos y estables, y son más capaces de superar y afrontar los acontecimientos vitales estresantes.

Por tanto, sonreír a menudo hará que tengamos mayores habilidades sociales, porque, como ya hemos dicho, la sonrisa es un gesto innato con el que los seres humanos nos comunicamos, socializamos e identificamos los sentimientos de los demás, lo que nos ayuda a desarrollar la empatía. Además, la sonrisa disminuye la liberación de hormonas relacionadas con el estrés, y esto provoca que adquiramos mejores habilidades cognitivas; es decir, aprendemos y recordamos mejor.

Todos hemos podido comprobar que, cuando vemos a personas que sonríen, tendemos a hacerlo también. Si, al levantarnos por la mañana, nos miramos al espejo y sonreímos, recibiremos una imagen positiva de nosotros mismos que se fijará y nos acompañará durante el resto del día.

Sí, la madre Teresa de Calcuta tenía razón: «la paz comienza por una sonrisa». Sonriamos a los demás y a nosotros mismos para sentirnos mejor y transmitir alegría, paz y serenidad a los demás.

## LA EXPRESIÓN DE LA TRISTEZA: LAS LÁGRIMAS

Por lo general, las lágrimas expresan tristeza, aunque no siempre (en ocasiones se nos salen las lágrimas cuando nos reímos o cuando nos emocionamos). Existen tres tipos de lágrimas según su composición y su función. Las primeras son las que mantienen la humedad del ojo, necesaria para una buena visión. Las segundas aparecen cuando el ojo se irrita (por ejemplo, por el polen o cuando cortamos cebolla) y su función es claramente protectora. Y las terceras son las que derramamos cuando lloramos de alegría y, sobre todo, de pena. Su composición es diferente —son más salinas— y se liberan después de la activación del sistema nervioso parasimpático. Son más irritantes para la piel y el ojo, lo que hace que deban pasar varias horas hasta que la inflamación desaparezca.

Las lágrimas de los tres tipos están compuestas fundamentalmente por agua, pero también contienen proteínas (mucina, lactoferrina, lipocalina), lípidos, enzimas (lisozima), y glucosa, urea, sodio y potasio. La concentración de sales es equivalente a la que encontramos en el plasma sanguíneo.

Como decimos, el contenido de las lágrimas es distinto según sea el motivo que las causa —tendrá más o menos sustancias irritantes—. Así, por ejemplo, las que liberamos para evitar la sequedad del ojo están compuestas fundamentalmente por agua, y en el caso de que no se puedan segregar de manera natural, ya sea por la edad o por el uso de lentes de contacto o algunos fármacos, será necesario recurrir a las lágrimas artificiales. Cuando hay polen o polvo en el ambiente, nuestro organismo, mediante las lágrimas, libera una sustancia llamada histamina, que actúa como barrera protectora. En ese caso, las lágrimas serán menos acuosas. Y, por último, cuando lloramos por emoción, ya sea por tristeza o por alegría, las lágrimas son más densas e irritantes, lo que explica que, cuando dejamos de llorar, los ojos aparecen inflamados y los demás pueden ver que hemos llorado.

Las lágrimas y la sonrisa son solo dos ejemplos que nos sirven para demostrar que la mente y el cuerpo están siempre conectados. Así, si estoy triste, mi cuerpo estará triste, es decir, lloraré —lágrimas de tristeza—, caminaré despacio y sin energía y me sentiré mucho más pesada. Por el contrario, si estoy alegre, reiré o sonreiré *naturalmente,* me sentiré ligera y llena de energía, y mi respuesta corporal al entorno será más equilibrada y funcional. Estar atentos a las señales que nos envía el cuerpo es fundamental, como también lo es cuidarlo, y no solo para ofrecer una buena imagen de nosotros mismos a los demás, sino para sentirnos bien y seguir experimentando la alegría como una vivencia.

# 7
## ALEGRÍA, SALUD Y BIENESTAR PSICOLÓGICO

En capítulos anteriores hemos visto cómo la alegría afecta a nuestra salud (fortalece el sistema inmune, protege el corazón y, en general, alarga la vida), hasta el punto de llegar a afirmar que la alegría es sinónimo de buena salud. Sin embargo, la relación también se da a la inversa: la salud influye en nuestros sentimientos y en nuestra manera de afrontar la vida, por lo que podemos concluir que una persona sana tiene más posibilidades de ser optimista y alegre. Dicho de otro modo: se trata de un camino de doble dirección, y los dos deben ser recorridos.

Sabemos que la salud está condicionada en gran medida por las decisiones que tomamos. En general, todos nacemos con cierto nivel de buena salud, pero si decidimos no cuidarnos o comer en exceso, tendremos más posibilidades de desarrollar enfermedades. Sin embargo, como ya hemos mencionado, en muchos casos nuestras decisiones no son libres, sino que están condicionadas por el ambiente en el que hemos crecido y en el que vivimos. En este sentido, en 2018 se publicó un artículo de Daniel Riggs y colaboradores, titulado «Defining the Human envirome», en el que se propone un nuevo modelo que explica cómo los factores ambientales influyen en la enfermedad. Se sabe que el origen de muchas de ellas es genético, pero para que esos genes se expresen el ambiente desempeña un papel clave. Por ello, estos autores hablan de las bases psicológicas, lo que llaman *exposoma,* que están en la base tanto de la salud como de la enfermedad. Asimismo acuñaron otro concepto clave, *enviroma,* que se refiere al ambiente natural, social y personal en el que vive una persona. En líneas generales se destacan cuatro aspectos que influyen en el enviroma:

1. La *geosfera:* es decir, la localización geográfica (longitud, altitud, latitud) en la que vive una persona y sus componentes fundamentales, como el clima, la luz, la temperatura, el nivel de lluvia o las estaciones del año. Estos aspectos influyen directamente en el desarrollo de enfermedades. Por ejemplo, hay un mayor número de problemas cardiovasculares en invierno, mientras que las depresiones aumentan en primavera y en otoño.

2. La *biosfera:* o el conjunto de animales, plantas y microbios que hay en el ambiente en el que se desarrolla la vida de una persona. Las infecciones virales o bacterianas han sido determinantes en la supervi-

vencia humana, lo que ha hecho que se produzcan mecanismos inmunológicos específicos. Cada vez hay más datos que apuntan a que los cambios climáticos afectarán seriamente a nuestra salud. La OMS estima que entre 2020 y 2050 se producirán doscientas cincuenta mil muertes adicionales. Además, el cambio en la biosfera afecta directamente a la disponibilidad de alimentos, de agua potable, de petróleo e, indirectamente, a los modos de vida y a los fenómenos migratorios.

3. El *ambiente social:* que es el modo en el que las personas se relacionan entre sí. Unas interacciones que generan conocimiento que se transmite de generación en generación y que constituye la cultura y la historia de una persona. El ambiente social, por tanto, incluye:

- Las *relaciones sociales.*
- La *arquitectura* y el *urbanismo* (dónde vivimos, trabajamos y nos divertimos). Por ejemplo, si habitamos en una gran ciudad tendremos la posibilidad de ir a un gimnasio o a una discoteca, mientras que si lo hacemos en un pueblo realizaremos otro tipo de ejercicio y nos divertiremos de otra manera.
- La *contaminación ambiental* creada por nuestros modos de vida. Si vivimos en una ciudad con altos niveles de contaminación, desarrollaremos más problemas respiratorios.

4. El *ambiente personal* o individual, que está determinado por las decisiones que tomamos a lo largo de nuestra vida. En este aspecto se incluye el trabajo que realizamos, la dieta o el nivel de ejercicio diario que practicamos.

## ¿CÓMO AFECTA EL ESTRÉS A NUESTRA VIDA COTIDIANA?

Si entendemos la búsqueda de la alegría como una vivencia, deberemos aprender a manejar el impacto que producen en nosotros los acontecimientos que nos ocurren y que, en muchas ocasiones, nos desbordan y nos causan tensión, es decir, nos provocan estrés.

Ya en la Antigüedad se sabía que las tensiones generadas por el ambiente eran responsables de numerosas enfermedades (nos volvían más vulnerables). De hecho, el malestar físico y mental que conlleva el estrés está considerado por la OMS como un claro signo de mala salud.

El fisiólogo Hans Selye (1907-1982) definió el estrés como «la respuesta inespecífica del organismo a cualquier exigencia hecha sobre él». Las alteraciones del ambiente y los acontecimientos vitales por sí solos no producen estrés, sino que para que este aparezca es necesario que el individuo los perciba como una amenaza y responda a ellos. Casi siempre, la primera respuesta es psicológica, como la ansiedad, tras la cual llegan otras de carácter más físico, que son las que nos pueden hacer enfermar, como un aumento de la presión arterial o las taquicardias. Por ello, conviene distinguir entre *estrés* y *agente estresante*. Así, el primero es la reacción que se produce cuando el individuo se siente amenazado por uno o varios factores ambientales, que serían los agentes estresantes. Estos amenazan nuestro equilibrio interno, conocido como *homeostasis,* que permite que el organismo funcione adecuadamente.

Sabemos que cualquier enfermedad tiene más probabilidades de aparecer tras un largo período de estrés psicosocial intenso —producido por factores sociales, como el trabajo o nuestras relaciones interpersonales—, aunque también una sucesión de pequeños acontecimientos (no demasiado importantes en apariencia) puede provocar efectos similares a los del estrés y, como consecuencia, volvernos más vulnerables a padecer enfermedades. Obviamente, cada persona reaccionará ante un acontecimiento concreto de manera diferente atendiendo a factores como la edad, el sexo, la raza, el estado civil o el nivel socioeconómico.

En la década de los años setenta del siglo pasado, el sociólogo Thomas Holmes y el psiquiatra Richard Rahe crearon una escala para medir el estrés, la conocida como «Escala de reajuste psicosocial», formada por cuarenta y tres factores estresantes a los que se puntúa en función de su importancia en la vida de una persona. Algunos acontecimientos son positivos (el matrimonio, un nuevo empleo, una mejora en la situación económica); otros, negativos (fallecimiento de un ser querido), y luego existen algunos que son ambivalentes en función de las circunstancias (una separación o la independencia de un hijo). No importa tanto que el valor que se le dé sea positivo o negativo, como el esfuerzo de adaptación que unos y otros implican. De alguna manera, todos amenazan nuestro equilibrio, pero ¿hasta qué punto?

## ESCALA DE REAJUSTE PSICOSOCIAL DE HOLMES Y RAHE[*]

### INSTRUCCIONES

Anota el valor que le corresponde a cada una de las situaciones enumeradas a continuación, si se han presentado durante el último año, y suma el total obtenido.

1. Muerte del cónyuge   100
2. Divorcio   73
3. Separación   65
4. Privación de la libertad   63
5. Muerte de un familiar próximo   63
6. Enfermedad o incapacidad, graves   53
7. Matrimonio   50
8. Perder el empleo   47
9. Reconciliación con la pareja   45
10. Jubilación   45

[*] El contenido ha sido adaptado de Harold Kaplan, Benjamin Sadock y Jack Grebb, *Sinopsis de Psiquiatría,* Editorial Médica Panamericana, Madrid, 1996.

11. Enfermedad de un pariente cercano   44
12. Embarazo   40
13. Problemas sexuales   39
14. Llegada de un nuevo miembro a la familia   39
15. Cambios importantes en el trabajo   39
16. Cambios importantes a nivel económico   38
17. Muerte de un amigo íntimo   37
18. Cambio de empleo   36
19. Discusiones con la pareja (cambio significativo)   35
20. Pedir una hipoteca de alto valor   31
21. Hacer efectivo un préstamo   30
22. Cambio de responsabilidades en el trabajo   29
23. Un hijo/a abandona el hogar (matrimonio, universidad)   29
24. Problemas con la ley   29
25. Logros personales excepcionales   28
26. La pareja comienza o deja de trabajar   26
27. Se inicia o se termina el ciclo de escolarización   26
28. Cambios importantes en las condiciones de vida   25
29. Cambio en los hábitos personales   24
30. Problemas con el jefe   23
31. Cambio en el horario o en las condiciones de trabajo   20
32. Cambio de residencia   20
33. Cambio a una escuela nueva   20
34. Cambio en la forma o frecuencia de las diversiones   19
35. Cambio en la frecuencia de las actividades religiosas   19
36. Cambio en las actividades sociales   18
37. Pedir una hipoteca o un préstamo menor   17
38. Cambios en los hábitos del sueño   16
39. Cambios en el número de reuniones familiares   15
40. Cambio en los hábitos alimentarios   15

41. Vacaciones   15
42. Navidades   12
43. Infracciones menores de la ley   11

**VALORACIÓN**

La unidad de puntuación se denomina «unidad de cambio vital» (UCV). La persona está en riesgo de experimentar trastornos psicosomáticos si la suma es de 200 o más unidades en un solo año. Estos valores aumentan la incidencia de trastornos psicosomáticos.

Todos somos capaces de adaptarnos a las circunstancias, pero, si en poco tiempo nos suceden demasiadas cosas, es fácil que aparezcan síntomas claros de estrés (físicos y psicológicos) y, por tanto, que las probabilidades de enfermar aumenten. Por ejemplo, sabemos que es más probable padecer un cáncer tras la pérdida de una persona querida o después de abandonar un proyecto de vida importante. Los médicos de atención primaria, por ejemplo, saben bien que deben prestar especial atención a las personas que han enviudado recientemente, porque pueden enfermar con más facilidad.

## EL PAPEL DE LA PSICOLOGÍA

La psicología como disciplina científica es muy joven —tan solo tiene unos ciento cincuenta años—, aunque, desde siempre, el conocimiento de la psique ha estado entre los principales temas de investigación y estudio de los filósofos. Platón, en el «mito de la caverna», se planteaba una pregunta fundamental: ¿cómo somos capaces de conocer el mundo? En el diálogo en el que se relata el mito, Sócrates le pide a Glauco que imagine a un grupo de personas que llevan toda la vida encadenadas en una caverna. Un fuego ilumina el otro lado del muro y los prisioneros solo son capaces de ver sus sombras, que creen que es el mundo real. Uno de los prisioneros consigue liberarse de sus cadenas y llega a ver la luz, que al principio le deslumbra, aunque después es capaz de observar las estrellas. El prisionero vuelve a la caverna y ya no puede ver en la oscuridad —se ha acostumbrado a la luz—, lo que hace que los demás la aíslen, e incluso se plantean que debe morir porque no entienden lo que les cuenta. De este modo Platón explicaba que existen dos maneras de entender el mundo. La primera es el mundo sensible, lo que percibimos a través de nuestros sentidos. La segunda es el mundo de las ideas —lo que Platón llamaba «Verdad»—, que no está condicionado por los sentidos.

La psicología como disciplina separada de la filosofía surgió en 1879, en Alemania, de la mano de Wilhelm Wundt (1832-1920), que creó en Leipzig un laboratorio experimental cuyo objetivo era estudiar la conciencia humana. El método utilizado para ello era la *introspección,* que podríamos definir como la capacidad de darnos cuenta y reconocer lo que estamos pensando, sintiendo y viviendo, así como lo que sucede y nos ha sucedido. Aunque muchos consideraron que no era una ciencia propiamente dicha —no se podían utilizar los métodos científicos clásicos—, la disciplina siguió avanzando y pronto surgieron diferentes escuelas. Una de las primeras fue el *psicoanálisis,* basado en el recuerdo de las experiencias pasadas del individuo, que son interpretadas en el contexto de su propia biografía. Para su fundador, Sigmund Freud, existen experiencias traumáticas que determinan la manera de ser de una persona. Es decir, somos como somos porque nos ha sucedido lo que nos ha sucedido... Si una persona llega a entender el origen de sus traumas mediante lo que se conoce como *insight* (introspección), se verá liberada de los mismos. Ahora bien, las técnicas de introspección requieren tiempo, porque en ocasiones el sujeto tarda en encontrar la causa y el origen de los sucesos traumáticos que lo han afectado.

Existen otras escuelas que no ponen el foco tanto en el origen de los problemas como en los síntomas. En este sentido debe entenderse la frase del famoso psicólogo alemán Hans Eysenck (1916-1997), uno de los padres de la escuela conductista, que dijo: «Libérate del síntoma y eliminarás la neurosis». El conductismo estudia nuestro comportamiento en función de las respuestas que el individuo da al ambiente en el que se desarrolla. Si esas respuestas son equivocadas o dañinas, deberemos aprender a modificarlas. Las técnicas conductuales se utilizan, sobre todo, en el tratamiento de los síntomas obsesivos. El objetivo es que el sujeto cambie de comportamiento cuando este no es adecuado. Así, si una persona sufre ansiedad, habrá que reducirla para que no le impida funcionar adecuadamente.

Otra escuela importante es la piscología cognitiva, que considera que un sujeto es capaz de cambiar su comportamiento si modifica su manera de pensar. Se basa en que cada individuo tiene un particular sistema de procesar, transformar, elaborar, almacenar y reproducir la información que recibe del entorno y de sí mismo. Por tanto, si sus pensamientos son negativos, la técnica de psicoterapia le enseñará a cambiar su sistema de procesamiento para que, sustituyendo los pensamientos negativos por otros positivos, se encuentre mejor. Esta escuela afirma que las reacciones emocionales ocurren porque el individuo repite frases en su interior que expresan pensamientos incorrectos o mal adaptativos, y se fundamenta en que los pensamientos son *anteriores* a las reacciones emocionales, por lo que nuestras emociones cambiarán si modificamos aquellos y los convertimos en más adaptativos.

Actualmente, las técnicas más utilizadas en psicoterapia son las que surgen de la combinación de las escuelas conductual y cognitiva, lo que se ha denominado escuela cognitivo-conductual.

Por último, llegamos a la psicología humanista —cada vez más relevante—, basada en el concepto de perfeccionamiento del ser humano y en la búsqueda del sentido de la vida. Considera que cada individuo tiene rasgos, motivaciones y disposiciones personales predominantes que marcan su comportamiento, y, aunque cada persona es única e irrepetible, todos tenemos sentimientos y pensamientos que pueden entrar en conflicto con la sociedad —con otros individuos— y con nosotros mismos, lo que producirá insatisfacción y malestar. Lo que importa no son los acontecimientos de la vida, sino la manera que tiene el individuo de interpretarlos. Por tanto, si variamos nuestra forma de percibirnos a nosotros mismos y al entorno —lo que nos sucede—, si somos capaces de explorar cómo nos sentimos y cómo nos *sentiríamos* si modificáramos nuestra percepción, seremos capaces de vivir la vida tal y como deseamos.

En resumen, el desarrollo de la psicología como disciplina científica ha permitido no solo el estudio de funciones mentales tales como la inteligencia, la memoria, la atención, los sentimientos o la conciencia, sino que ha dado lugar al desarrollo de distintas técnicas de psicoterapia dirigidas a liberarnos del síntoma que nos hace sufrir —por ejemplo, la ansiedad o la culpa—, modificando nuestra forma de pensar o, como en el caso de la escuela humanista, nuestra actitud ante lo que nos sucede.

## PSICOLOGÍA POSITIVA: CENTRARNOS EN EL LADO BUENO DE LAS COSAS

Tradicionalmente, la psicología se ha dedicado a enseñarnos a combatir los pensamientos negativos transformándolos en positivos. Así, por ejemplo, a los pacientes que padecían un trastorno obsesivo-compulsivo les explicábamos que, cuando aparecieran los síntomas —esos pensamientos intrusivos, normalmente muy desagradables—, se resistieran a ellos intentando pensar en otra cosa.

Sin embargo, hace apenas veinte años surgió la que se conoce como «psicología positiva», fundada por el norteamericano Martin Seligman, que dedicó gran parte de su vida a estudiar y a analizar las técnicas conductistas o de cambio de comportamiento. No obstante, en la década de los años noventa dio un cambio radical en su manera de entender las psicoterapias y se centró en el estudio de las fortalezas y virtudes de las personas como instrumentos que permitirían aumentar su bienestar. Así, en el congreso de la Asociación Americana de Psicología de 1998, concluyó su conferencia con esta afirmación: «La psicología no es una mera rama del sistema de salud pública, ni una simple extensión de la medicina; nuestra misión es mucho más amplia. Hemos olvidado nuestro objetivo principal, que es mejorar la vida de todas las personas, no solo de las que padecen una enfermedad mental». Es decir, planteó algo absolutamente novedoso: a todas las personas —incluidas las sanas— se les puede enseñar técnicas dirigidas a potenciar sus fortalezas y virtudes, y no solo para evitar que enfermen, sino para potenciar su sensación de bienestar y mejorar su calidad de vida.

Nuestra mente, por lo general, tiende a ver lo que está mal o nos disgusta, una disposición que puede sernos de utilidad para evitar situaciones de peligro y asegurar la supervivencia de la especie. Sin embargo, si esos pensamientos negativos perduran o se vuelven intensos y recurrentes, pueden llegar a dominar nuestra mente y a afectar negativamente a nuestras expectativas vitales.

A mis alumnos de la Facultad de Medicina y a mis pacientes les suelo contar la fábula del indio cheroqui de los dos lobos:

> Un antiguo indio cheroqui le dijo a su nieto: «Dentro de cada uno de nosotros hay una batalla entre dos lobos: uno Malvado, que es la ira, la envidia, el resentimiento, la inferioridad, las mentiras y el ego, y otro Benévolo, que es la dicha, la paz, el amor, la esperanza, la humildad, la bondad, la empatía y la verdad». El niño se quedó pensativo durante unos segundos y preguntó: «Abuelo, ¿qué lobo gana?». A lo que el anciano respondió: *«El que tú mismo alimentes».*

El cuento nos explica que todos tenemos sentimientos buenos y malos que conviven en nuestro interior. Sin embargo, los negativos, que son los que más tiempo suelen ocuparnos, pueden llegar a esclavizarnos. Solo podemos minimizar el daño que provocan potenciando y alimentando los sentimientos contrarios, o sea, los positivos, pues son estos los que nos producen bienestar.

Como dijimos un poco más arriba, todos los sentimientos pueden ser adaptativos, es decir, nos ayudan a sobrevivir. Emociones como la ansiedad, la tristeza, el miedo o la rabia nos permiten detectar el peligro y, de alguna manera, nos protegen. Pero, como ocurre con el dolor, que nos avisa de que algo anda mal, lo mejor es intentar calmarlas, porque en sí mismas pueden ser limitantes. Para ello, el primer paso es aprender a manejarlas, porque, como afirmaba Aristóteles, «uno puede ponerse furioso con cualquiera, pero hacerlo de manera correcta, en el momento correcto y con la intensidad correcta es mucho más difícil»... Aunque no imposible.

Para gestionar adecuadamente nuestros sentimientos, lo primero que hay que hacer es identificarlos. El ser humano experimenta diversas emociones al mismo tiempo —preocupación, alegría, inquietud, etc.—, que conllevan diferentes respuestas físicas. El problema surge cuando esos sentimientos-emociones dejan de ser una respuesta a lo que nos sucede y se convierten en permanentes; es entonces cuando nos paralizan y condicionan nuestra manera de ver la vida, provocando enfermedades graves, como trastornos depresivos o de ansiedad, que requerirán la aplicación de tratamientos especializados.

Muchas personas con síntomas depresivos experimentan sentimientos de culpa tan intensos que no les permiten vivir con tranquilidad. En la consulta nos dicen que se sienten culpables por lo que han hecho, por lo que han dejado de hacer, por cómo han tratado a otras personas... Aceptar que no somos perfectos y que a menudo nos equivocamos no es una tarea fácil, y si no se aplican las técnicas adecuadas, esa culpa puede transformarse en ansiedad, ira o rabia, emociones que ya no son adaptativas y que nos avisan de que algo no va bien. Si seguimos alimentando esos sentimientos negativos, lo más probable es que lleguen a dominarnos e incluso nos impedirán ver e identificar otros que también experimentamos pero que permanecerán ocultos mientras no demos el paso de reconocerlos y prestarles atención. Precisamente es esto lo que propone la psicología positiva de Martin Seligman: centrarnos en sentimientos positivos tales como el agradecimiento, la bondad o la alegría, y en fortalezas como la gratitud, el optimismo, la templanza o la resiliencia (las veremos en el siguiente capítulo). En resumen, potenciar el lobo bueno y dejar de alimentar al lobo malo.

La práctica del pensamiento positivo es beneficiosa para la salud. Ya hemos dicho que las personas alegres y optimistas se enfrentan mejor a las situaciones estresantes y su salud física y psicológica es mucho más estable y robusta: su dieta suele ser más equilibrada y tienen menos problemas para conciliar y mantener el sueño.

Pero, además de aprender a controlar y a gestionar nuestras emociones, también debemos aprender a hacerlo con nuestros pensamientos. Las personas que con frecuencia tienen pensamientos negativos tienden a magnificar en exceso los contratiempos normales de la vida, y esa exageración les produce angustia y preocupación. Esas personas suelen ver las cosas en opuestos, en blanco o en negro, sin término medio, y esta falta de flexibilidad conduce a una mayor irritabilidad e intolerancia hacia sí mismas y hacia quienes las rodean. Esa visión de la vida solo puede evitarse —o minimizarse— mediante la búsqueda activa de los aspectos positivos de la vida, siendo amables con nosotros mismos y fomentando el sentido del humor.

# 8
## LA BÚSQUEDA DE LA ALEGRÍA

Como hemos visto a lo largo del libro, la alegría se puede buscar y podemos aprender a ser alegres y a ver el lado bueno de las cosas si prestamos atención a todos esos acontecimientos cotidianos que tantas veces nos pasan inadvertidos, pero que contienen elementos positivos y beneficiosos para nuestro estado de ánimo.

Ser triste o ser alegre tiene que ver con nuestros rasgos de personalidad; unos son más genéticos, como el temperamento, y otros más ambientales o relacionados con las experiencias vividas, como el carácter. Los avances en neurociencia han demostrado que los rasgos de personalidad pueden modificarse y entrenarse para responder con más alegría a lo que nos sucede. Ya lo dijo Hipócrates hace dos mil cuatrocientos años: «El alma humana se desarrolla hasta el momento de la muerte», es decir, podemos cambiar nuestra manera de ser en cualquier momento de nuestra vida.

## LO QUE PODEMOS CAMBIAR ES NUESTRA ACTITUD

Sin duda, hay sucesos que dependen del azar o del destino; unos son consecuencia de la edad (por ejemplo, la jubilación o sufrir algunas enfermedades), pero hay otros cuya valoración dependerá de nuestra manera de afrontarlos, es decir, de nuestra *actitud,* que es lo que la Real Academia Española define como «la manera de estar dispuesto a comportarse u obrar». Como dice un proverbio chino, «uno no sabe lo fuerte que es hasta que ser fuerte es la única opción». Esto lo explica muy bien Irene Villa, que a los trece años de edad fue víctima de un atentado terrorista en el que perdió las dos piernas. En una reciente conferencia en la Fundación la Caixa primero hizo referencia al mencionado proverbio chino, y después explicó:

Vi que me faltaba medio cuerpo, pero me di cuenta de que, por mucho que llorara, esa realidad no la podía cambiar. Y entonces decidí orientarme hacia lo que sí podía cambiar. Comprendí que tú decides dónde pones el foco de tu vida, ya sea en lo que puedes hacer o bien en lo que no puedes hacer. Yo elegí lo primero. A mí, la mente me salvó la vida.

Irene Villa terminó la plática con esta frase: «A veces se gana, a veces se aprende», que es el título de uno de los libros del psicólogo norteamericano John C. Maxwell, en el que desarrolla la idea de que los seres humanos aprendemos más de las pérdidas que de las ganancias. También explica cómo convertir una pérdida en una ganancia, y llega a la conclusión de que las personas que aprenden de ellas son más realistas, humildes y responsables. En efecto, estos son rasgos que permiten y favorecen el aprendizaje…, aunque sin actitud este no es posible.

Muchos de los acontecimientos que nos suceden en la vida no pueden evitarse, y lo único cierto que sabemos los humanos es que al final moriremos, que nuestra vida tal y como la conocemos un día terminará. El ser humano es el único ser de la Tierra que sabe que va a morir, pero esa certeza la podemos vivir con angustia o pensando que debemos vivir esta vida de la mejor manera posible, esto es, con alegría y ofreciendo alegría a los demás.

En ocasiones pensamos que hay sucesos que no podemos superar —la enfermedad de un hijo, la muerte de los padres, la pérdida del trabajo— y que, si ocurren, la inseguridad y el vacío que sentiremos serán definitivos y permanentes. Sin duda, experimentaremos tristeza, desconcierto y miedo, pero con el paso del tiempo nos daremos cuenta de que la vida sigue —y nosotros seguimos viviendo— y que está llena de momentos positivos de los que podemos y debemos disfrutar.

Hace unos meses falleció de manera inesperada la única hija de una amiga. Tenía solo veinte años y murió por una patología cardíaca que no había dado la cara, lo que suele denominarse una muerte súbita. Recuerdo el dolor de su madre, pero también su esperanza y sus ganas de superar la pérdida. Habían pasado unas pocas semanas cuando me dijo: «Si otras personas han podido sobreponerse, también lo haré yo». De hecho, ya ha vuelto a trabajar y es capaz de salir y divertirse con sus familiares y amigos. Por supuesto, la tristeza y el dolor siguen presentes —y lo estarán siempre—, pero aprenderá a vivir con ellos sin que le impidan disfrutar de las cosas buenas que le ofrece la vida.

En este sentido, viene bien recordar algunas de las enseñanzas que nos dejó el ya mencionado Viktor Frankl, quien, después de pasar varios años en diversos campos de concentración, escribió lo siguiente: «Al hombre se le puede arrebatar todo salvo una cosa: la última de las libertades humanas, la elección de la actitud personal ante un conjunto de circunstancias para decidir su camino». Frankl pensaba que incluso en el sufrimiento se puede encontrar algo bueno, incluso del dolor se aprende; por ejemplo, a encontrar un sentido a la vida, que en su caso fue el de ayudar a los demás a tener coraje para superar la adversidad.

Como todo en esta vida, cambiar la actitud requiere esfuerzo, intención y disciplina. Precisamente en la *intencionalidad* se centró el psicólogo y filósofo Franz Brentano (1838-1917), que creía que estaba presente en todos los fenómenos psíquicos, como la memoria, la inteligencia o la conciencia. Brentano definió la intencionalidad como esa propiedad que dirige un acto o un suceso determinado hacia un objeto o una meta situada en el mundo exterior. Es decir, la intencionalidad nos permite dirigir nuestro pensamiento o nuestros sentimientos hacia un objetivo concreto, como puede ser cambiar de actitud… Pero con eso no basta. El entrenamiento y el esfuerzo son igualmente necesarios. Debemos esforzarnos en ver los detalles positivos que hay en cada nuevo día que vivimos, desde el olor del café por las mañanas hasta la llamada de un viejo amigo al que hace tiempo que no veíamos. En muchas ocasiones, el estrés de la vida cotidiana no nos permite apreciar esos detalles, y por ello debemos esforzarnos, pararnos a reflexionar para detener el flujo de pensamientos negativos y, aunque nos cueste, fijarnos en todo lo que nos sucede para que la vivencia del tiempo se alargue. Debemos conseguir que las pequeñas cosas que nos acontecen diariamente adquieran la importancia que merecen.

Te propongo que hagas un ejercicio muy sencillo —aunque requiere intención y esfuerzo— dirigido a valorar esas cosas buenas que seguro que te pasan todos los días. Antes de acostarte, anota en un cuaderno tres experiencias positivas que hayas tenido a lo largo del día y que te hayan hecho sentir bien:

*Primer suceso positivo:* .................................................................
*Segundo suceso positivo:* .............................................................
*Tercer suceso positivo:* ...............................................................

Aprender a valorar las cosas que nos suceden puede ser un arte, entendido como la capacidad o habilidad que nos permite hacer algo, en este caso apreciar y poner en valor nuestro día a día. Cuando, por ejemplo, nos sentamos a tomar un café con un amigo para organizar un viaje juntos, ese momento puede ser muy agradable o ser un simple «café más» con un amigo...

Si estoy pendiente de otros asuntos, nos sucederá lo segundo y el encuentro no tendrá la importancia que merece. Porque a veces estamos *físicamente* con nuestros seres queridos, pero no *verdaderamente,* ya que seguimos pendientes del trabajo, del correo electrónico o del celular...

No hay duda de que las nuevas tecnologías son muy útiles y han permitido grandes avances en numerosas disciplinas. Por ejemplo, en una situación tan grave como la que hemos vivido con la pandemia de la Covid-19, gracias a ellas muchas personas han podido continuar con su trabajo y la gran mayoría de nosotros hemos podido *estar,* desde la distancia, con nuestros familiares y amigos... Pero las nuevas tecnologías también pueden alejarnos de los pequeños momentos positivos que contiene cada día que vivimos. Esta es una reflexión que todos deberíamos hacer: ¿qué sucede con todo eso que nos pasa y que ni siquiera percibimos porque, sencillamente, estamos centrados en otra cosa? Debemos *reaprender* a mirar lo que nos rodea y a quienes nos rodean y debemos entrenarnos para que sucesos pequeños, pero muy valiosos, adquieran la importancia que merecen.

## LA ALEGRÍA COMO HÁBITO

El ser humano es capaz de modificar su comportamiento mediante los hábitos que adquiere. Hacer algo de manera habitual es un hábito, y todo lo que hacemos podemos convertirlo en tal. Para ello se requiere motivación, esfuerzo, disciplina y paciencia…, aunque quizá no tanta como podría parecer. En 1960, el cirujano plástico Maxwell Maltz (1899-1975) llegó a la conclusión de que se necesitaban veintiún días para crear un hábito. Es decir, no se precisa tanto tiempo. Mi propuesta en este punto del libro es que hagamos de la búsqueda de la alegría un hábito que nos acompañe toda nuestra vida.

Sin duda, todos deseamos incorporar rutinas que nos permitan llevar una vida más saludable: dejar de fumar, comer sano, hacer ejercicio de forma regular… Pero solo lo lograremos mediante la práctica continua —no pensemos en un número exacto de días—, en la que, obviamente, influirán el interés, la motivación y el grado de perseverancia de cada persona.

Para mantener la motivación debemos pensar en nuestro futuro (incluso visualizarlo), centrándonos en los aspectos positivos que obtendremos gracias a esa nueva conducta que hemos logrado convertir en hábito. Así, por ejemplo, si hacemos de la búsqueda de la alegría un hábito, nos sentiremos mejor, tendremos más planes, haremos las tareas diarias con buen ánimo y nuestro entorno también se verá recompensado.

A finales de los años cuarenta del siglo pasado, durante su destierro en Barbastro (Huesca), mi abuelo, Juan José López-Ibor, escribió esta dedicatoria, dirigida a mi abuela, en su libro *La angustia vital*: «Fuerte en la adversidad». En efecto, la fortaleza es una virtud que hace que nuestra actitud cambie, porque va a permitir desarrollar estrategias de afrontamiento positivas. Se han hecho numerosos estudios que demuestran que la manera de encarar lo que nos sucede determina el resultado. Así, por ejemplo, hace más de cuarenta años se realizó un estudio en Inglaterra sobre la manera que tenían las mujeres de hacer frete al cáncer de mama, y se comprobó que, pese a que en aquel momento el pronóstico no era tan bueno como ahora, la superación de la enfermedad estaba estrechamente ligada a la actitud de fortaleza de las pacientes, hasta el punto de poder afirmar que, en la mayoría de las ocasiones, la adversidad fortalece.

## Fortaleza y resiliencia

Pero ¿qué entendemos por fortaleza? Podríamos definirla como la capacidad que tenemos para sostener, soportar o resistir algo. Se trata de una virtud que nos permite vencer el temor ante las dificultades de la vida, ante la adversidad (no olvidemos que fortaleza también es la muralla que nuestros antepasados construían para defenderse del enemigo). En pocas palabras: la fortaleza nos aporta firmeza, perseverancia y eso que ahora tanto se usa: resiliencia. Aunque el término proviene del inglés *resilence,* que hace referencia a la capacidad que tienen algunos metales de volver a su estado original tras deformarse, en español lo usamos, en el ámbito de la psicología, para explicar la capacidad que tienen algunas personas para superar situaciones traumáticas y salir fortalecidas de ellas —es decir, el concepto se relaciona con la capacidad de ser elásticos y flexibles—. Por tanto, resiliencia es algo más que resistir, porque una persona resiliente saca algo bueno de la adversidad y aprende de ella.

Siempre se ha dicho eso de que se aprende más de lo malo que de lo bueno. Y la realidad parece demostrarlo con cada suceso adverso que nos llega. Las personas que han sufrido acontecimientos traumáticos son, por lo general, más capaces de hacer frente a nuevas dificultades. Hay investigaciones que confirman que quienes han experimentado sucesos traumáticos en algún momento de sus vidas y han logrado superarlos tienen una mejor salud mental y una mayor sensación de bienestar. Esas personas muestran menos angustia y se sienten más satisfechas con el devenir de sus vidas. Lo hemos podido comprobar con la situación creada por la pandemia de la Covid-19: las personas mayores, muchas de las cuales pasaron en su juventud por experiencias difíciles, se adaptaron mucho mejor al aislamiento y a la soledad que muchos adolescentes, quienes, a pesar de tener a su disposición las nuevas tecnologías, han visto su salud mental afectada.

Las personas resilientes son más estables desde un punto de vista emocional, ya que la propia resiliencia les aporta una sensación de mayor control de los acontecimientos y de sí mismas. La resiliencia —que, repito, es algo más que resistencia— suele ir acompañada de otra virtud enormemente positiva para afrontar la vida: la serenidad, entendida como el valor de mantener la calma en medio de la dificultad. Si se quiere, si estamos dispuestos a ello, la resiliencia se puede aprender, ya sea pidiendo ayuda cuando nos vemos superados por los hechos, ya sea entrenando el optimismo y una actitud positiva ante nosotros mismos y el entorno.

En este sentido, la «regla de los 40», que el Ejército estadounidense aplica en el durísimo período de formación de los marines, es un buen ejemplo del poder de la fortaleza y de la resiliencia de las personas. La regla dice que, cuando un soldado cree que ya no puede más y está a punto de desfallecer, aún le queda un 60 % de sus capacidades. Y esto es algo que nos pasa a todos. ¿Quién no se ha sentido alguna vez a punto de tirar la toalla, pero ha seguido esforzándose y al final ha logrado su objetivo? Como digo, la clave está en la perseverancia y en la confianza en las propias capacidades, dos aspectos que, combinados, dan lugar a la fortaleza y a la resiliencia.

Ya lo dijo Ernest Hemingway: «El mundo rompe a todos, y después algunos son fuertes en los lugares rotos». El valor, el aplomo, la firmeza y la serenidad son sinónimos de la fortaleza entendida como virtud.

## El valor de la templanza

La templanza, en un sentido amplio, es una virtud que conecta con la moderación, la sobriedad y la continencia, y nos permite distinguir lo que de verdad necesitamos (para estar bien) de lo que deseamos o ansiamos poseer. Ejercitarla nos ayuda a controlar nuestros instintos manteniendo el equilibrio y la armonía.

Por tanto, la templanza nos hace libres porque, gracias a ella, dejamos de depender de nuestros deseos para centrarnos en nuestras verdaderas necesidades, que son las que determinan nuestro bienestar. Para evitar frustraciones y desengaños debemos diferenciar lo que realmente necesitamos de lo que deseamos como un capricho o como algo que sirve de alimento a nuestra vanidad. La templanza no significa, ni mucho menos, renunciar a todo lo que nos gusta; al contrario, nos invita a dejar de ser esclavos de nuestros deseos, muchos de los cuales son inalcanzables, lo que supone ser más libres y vivir la vida desde la alegría y no desde la insatisfacción. En definitiva, buscar la moderación y la templanza como virtud nos aportará bienestar y fortalecerá nuestra salud mental: se ha demostrado que una mejor comprensión de la templanza es capaz de desbloquear problemas psicológicos graves como la depresión, así como de solucionar conflictos en las relaciones interpersonales y minimizar la impulsividad y la ansiedad.

## La justicia

Otra de las virtudes que ayudan en la búsqueda de la alegría es la justicia, entendida como el arte de hacer lo justo y de ser justos con nosotros mismos y con los demás. Recuerdo que en la primaria nos enseñaban que nuestra libertad termina donde empieza la del otro. Es decir, el respeto al otro —

sus deseos, sus motivaciones y sus intenciones— y la empatía se convierten en piezas clave de nuestro comportamiento social. Porque el ser humano es un ser social por naturaleza, y vivir en sociedad implica derechos y obligaciones que en última instancia se refieren a ese concepto amplio de «ser jus-t          o          s          ».

Tomás de Aquino definió la justicia como *suum cuique,* dar a cada uno lo suyo, conceder a cada cual lo que le corresponde. Por tanto, podríamos preguntarnos: ¿soy justo conmigo mismo? ¿Me concedo lo que me corresponde? Por su parte, Spinoza pensaba que justicia es una disposición del alma a atribuir a cada uno lo que le corresponde. En este sentido, si queremos ser justos con nosotros mismos, ¿nos damos lo que nos corresponde? En muchas ocasiones, lo justo es perdonarse, aceptarse, respetarse, darse una oportunidad… Si no lo hacemos, estaremos siendo injustos con nosotros mismos.

Ser justos con nosotros mismos supone disciplina y cambiar ciertos hábitos en la manera de tratarnos, una manera que debe nacer de la confianza y la reflexión, no del miedo, de la desesperanza o de la falta de liberad que supone creer que no hay alternativas.

## La prudencia

Otra virtud necesaria para encontrar y fomentar la alegría es la prudencia, que es la capacidad de razonar y juzgar los hechos o a las personas con discernimiento; es decir, distinguiendo lo que está bien de lo que está mal y sabiendo qué camino debemos escoger. Nos permite reflexionar, pensar antes de actuar y decidir de manera ponderada. También podríamos definirla como una «sabiduría cauta», que significa que sabemos lo que debemos hacer y lo que debemos evitar.

Los niños y los adolescentes en muchas ocasiones son imprudentes e impulsivos, precisamente porque no son maduros, pero con la edad y la experiencia todos aprendemos a pensar antes de actuar, y a hacerlo de manera responsable, asumiendo las consecuencias de nuestras decisiones.

Una persona sana desde el punto de vista psíquico es consciente de sus capacidades y de sus limitaciones, y ese conocimiento le posibilita actuar con mesura. Pero la prudencia también se aprende, se entrena y se lleva a la práctica. El primer paso es diferenciar lo importante de lo que no lo es para, con posterioridad, emitir un juicio —un juicio maduro— que nos permita tomar decisiones. Por tanto, una persona madura utiliza la razón más que la pasión para guiar su comportamiento y sopesa los riesgos de cualquier decisión contra su beneficio potencial.

## La gratitud

El filósofo romano Marco Tulio Cicerón decía que «tal vez la gratitud no sea la virtud más importante, pero sí es la madre de todas las virtudes». Aprender a ser agradecidos por lo que somos, por lo que hemos conseguido, nos hará sentirnos mejor con nosotros mismos y, por tanto, más alegres.

Como las otras virtudes, la gratitud puede entrenarse y potenciarse. El ejercicio de reflexión personal e íntimo que nos lleva a reconocer las cosas buenas que tenemos y que nos han sucedido tiene más importancia de la que parece para hallar bienestar y sentirnos más conectados con nosotros mismos y con el entorno. Además, la gratitud invita a la acción y a la comunicación; a darnos a los demás y, en consecuencia, a recibir. Ya lo dijo Albert Einstein: «Solo hay dos formas de vivir la vida: una es pensando que *nada* es un milagro, y la otra creyendo que *todo* lo es».

El ejercicio de los tres sucesos positivos que hemos visto antes, dirigido a valorar los hechos cotidianos que a todos nos ocurren, es bueno para practicar y entrenar la gratitud. Si, tras escribir los tres acontecimientos del día, anotas el nombre de la persona, o personas, a la que le agradeces su participación para que hayan ocurrido, la actividad será aún más completa y el beneficio más evidente. Eso sí: ten en cuenta que, en muchas ocasiones, esa persona puedes ser tú mismo. Felicitarnos a nosotros mismos por el trabajo bien hecho, sin perder la objetividad, puede ser de gran ayuda cuando se trata de mejorar la autoestima y cambiar la actitud para dirigirla hacia la alegría. En ese sentido también es importante mirarse al espejo y sonreírse. La imagen que veremos reflejada nos acompañará durante todo el día y nuestras acciones y decisiones estarán motivadas por una mayor sensación de bienestar.

## La vivencia del presente

Los antiguos griegos tenían dos palabras para referirse al tiempo: *kronos* y *kairos*. *Kronos* es el tiempo físico, objetivo, el que medimos con el reloj. *Kairos* es el tiempo vital, el subjetivo, el tiempo *vivido,* que tiene que ver con cómo nos sentimos en un momento dado.

En la vivencia del tiempo debemos distinguir la percepción del presente —un presente psicológico—, compuesta de instantes, y la estimación de la duración. Dicho con otras palabras: si sabemos la ruta, el viaje se nos hará más corto... Nuestro estado mental también influye en la vivencia del tiempo: la alegría lo acorta, y la tristeza lo alarga. Así, una persona triste o melancólica vivirá sobre todo en el pasado, y el presente y el futuro apenas tendrán importancia para ella. Su vida se centrará en lo que ya pasó —o no pasó—, y no mostrará interés por lo que sucede ahora; la esperanza por lo que pueda ocurrir mañana ha desaparecido completamente.

En el trastorno obsesivo-compulsivo —tradicionalmente conocido como la «enfermedad de la duda»—, los pacientes tienen alterada su vivencia del tiempo y el momento presente se alarga indefinidamente, hasta el punto de impedirles avanzar, decidir y modificar su comportamiento. Por el contrario, las personas que padecen ansiedad viven anticipadamente —es decir, en el futuro— y solo piensan en lo que puede suceder... En este caso, su vivencia del tiempo también está alterada, ya que son incapaces de situarse y experimentar el presente.

La vivencia del tiempo también cambia en función de la edad. Los niños y los jóvenes tienen la sensación de que el tiempo va despacio, de que las horas son más largas. Esto es así porque, para ellos, todo en la vida está por descubrir y cada suceso nuevo que ocurre lo viven a fondo e intensamente. Es lo contrario de lo que les sucede a las personas ancianas, a las que les parece que el tiempo pasa muy deprisa.

La clave está en vivir en el presente, centrándonos en lo que sucede en este momento, y no en lo que ya sucedió o en lo que sucederá, aunque siempre tendamos a planificar el futuro. Para ello son aconsejables las técnicas de relajación, como el *mindfulness* o el yoga, y hacer ejercicios que fomenten la respiración profunda y pausada, como el pilates. Aun así, los retos y los objetivos siempre deben acompañar a nuestra vivencia del presente. Han de ser retos reales, estables, pero también sujetos al cambio. Porque la vida no es predecible y, como decía Albert Einstein, *todo* puede ser un milagro.

# 9
## LA IMPORTANCIA DEL AUTOCUIDADO

Cuida de tu cerebro y tu cerebro cuidará de ti.

JUAN JOSÉ LÓPEZ-IBOR

El artículo 43 de nuestra Constitución reconoce el derecho a la protección de la salud, y añade que los poderes públicos fomentarán la educación de la salud, la educación física y el deporte. El objetivo, lógicamente, es proteger nuestra salud —física y mental—, un cuidado que depende de cada uno de nosotros y de la sociedad en su conjunto.

Sabemos que, por ejemplo, la dieta mediterránea es buena para disminuir los niveles de colesterol y mejorar la calidad de vida. Porque sí, está demostrado que la dieta influye, y mucho, en nuestra salud mental. Una dieta rica en triptófano —precursor de la serotonina— es beneficiosa para la estabilidad del ánimo, y el consumo de omega-3 ayuda a mejorar la conectividad cerebral, evitando el deterioro cognitivo asociado a la edad y mejorando el pronóstico de los trastornos depresivos e incluso de algunos trastornos del espectro autista.

Asimismo, el cuidado de la flora intestinal es fundamental para evitar la aparición de numerosas enfermedades, no solo gastrointestinales y dermatológicas (psoriasis o eccemas), sino también trastornos mentales relacionados con el ánimo y la ansiedad. Por ello se recomienda una dieta rica en probióticos, que protegen la flora y nuestras defensas naturales.

No hay duda de que cada vez somos más conscientes de que cuidarse no es una opción, sino una necesidad. Como bien señaló el médico estadounidense Joseph Leonard Goldstein, premio Nobel de Medicina en 1985, «el ser humano pasa la mitad de la vida arruinando su salud y la otra mitad tratando de arreglarla». Goldstein observó que las personas que tenían niveles altos de colesterol —como consecuencia de una vida sedentaria y una dieta dese-quilibrada— desarrollaban con más frecuencia enferme-dades cardiovasculares, principalmente arterioesclerosis, una dolencia que consiste en la acumulación en las arterias de depósitos de calcio, colesterol y sustancias grasas que pueden provocar trombos y embolias en cualquier parte del organismo.

«Conócete a ti mismo», decía Sócrates. Pero, en mi opi-nión, la frase debería ser: «Conócete y cuídate a ti mismo». Para el filósofo y sociólogo francés Michel Foucault (1926-1984), el cuidado de uno mismo es un signo de libertad y de responsabilidad. Por ello, todos debemos aprender a cuidarnos y decidir qué hábitos y comportamientos recha-zamos, aceptamos y cambiamos para recuperar y proteger nuestra salud física y mental. No solo hemos de conocernos para aprender a controlar nuestros sentimientos y pensamientos y para gestionar nuestras emociones, sino que debemos cuidar nuestra salud física con hábitos saludables.

Únicamente si nos cuidamos estaremos respondiendo a nuestras necesidades físicas, emocionales, intelectuales y espirituales. Si no lo hacemos, no podremos pensar, sentir o actuar, porque ni nuestro cuerpo ni nuestra mente estarán preparados para dar lo mejor de sí. En este sentido, también quiero señalar que ni mucho menos se trata de una actitud egoísta; al contrario, solo si nos cuidamos a nosotros mismos seremos capaces de cuidar a los demás. Es lo que más o menos nos dicen las azafatas de los aviones cuando nos explican el protocolo de seguridad antes de despegar: en caso de despresurización, cada pasajero debe colocarse su propia mascarilla antes de ayudar a ponérsela a los demás. Resulta bastante obvio que, si yo no puedo respirar, difícilmente podré ayudar a respirar a otro. Se trata de un ejemplo muy descriptivo de lo que es el autocuidado: una elección que, como decía Foucault, revela el sentido de nuestra libertad y responsabilidad.

Numerosos estudios han demostrado que la esperanza de vida de los pacientes que padecen un trastorno mental es de unos siete a diez años menos que la de quienes no lo padecen. Las causas son variadas y pueden ir desde los efectos secundarios de ciertos tratamientos, como el aumento de peso, hasta la falta de ejercicio y la vida sedentaria, muy habituales en los pacientes con depresión. Es cierto que la propia enfermedad hace que esas personas no sean capaces de valorar la importancia de mantener unos hábitos saludables, por ello es esencial que los profesionales les expliquemos bien cuáles deben ser, porque solo así mejorarán sus expectativas de vida.

*Mens sana in corpore sano,* dijo el poeta romano Juvenal, que añadía que todos deberíamos «orar para tener un cuerpo sano y una mente sana».

## EJERCICIO FÍSICO Y TÉCNICAS DE RELAJACIÓN

Para ayudarnos a disminuir la tensión, la intranquilidad y la angustia hay numerosos ejercicios y técnicas de relajación que minimizan la actividad del sistema nervioso simpático, que es la rama del sistema nervioso autónomo que controla las reacciones y los reflejos viscerales y acelera las funciones del organismo para prepararlo ante el efecto de posibles amenazas.

Está más que demostrado, desde hace siglos, que la práctica habitual del deporte es beneficiosa para la salud física y mental. En efecto, hacer ejercicio nos sienta bien a todos y nos protege frente a trastornos tan habituales como el estrés o la ansiedad. Cuando hacemos deporte se liberan los neurotransmisores encargados de regular nuestro estado de ánimo (serotonina, endorfinas, oxitocinas y dopamina), y rápidamente veremos sus beneficios en nuestra autoestima: en la calidad del sueño, en el deseo sexual e incluso en nuestras relaciones intrapersonales e interpersonales.

Existen cada vez más estudios que demuestran que practicar ejercicio físico mejora la conectividad cerebral, sobre todo en áreas relacionadas con la memoria, como el hipocampo. Las personas maduras que practican ejercicio aeróbico de manera regular pueden llegar a reaccionar un 10 % más rápido ante situaciones de estrés y de presión, y tienen menos posibilidades de presentar signos de deterioro cognitivo.

Lógicamente, la intensidad del deporte que practiquemos dependerá de la edad y de la salud que tengamos. Por eso aquí nos vamos a centrar en los beneficios de una actividad que está al alcance de la mayoría de nosotros y que no requiere ni entrenamiento ni una preparación específica. Hablamos de caminar, el «ejercicio universal» por excelencia, para el cual tan solo necesitamos un poco de voluntad y, si es posible, un entorno al aire libre.

*Caminar a diario*

Es bien conocido que caminar a paso ligero entre 40 y 60 minutos al día (unos cinco kilómetros) tiene un efecto de relajación en prácticamente todas las personas; de hecho, es la técnica más usada y recomendada, aparte de que está al alcance de todos. Pero caminar no solo es bueno para la mente; también lo es para el cuerpo, ya que mejora nuestras defensas, aumenta la producción de glóbulos rojos, ayuda a regular nuestro metabolismo y los niveles de glucosa, mejora el tono muscular, previene la osteoporosis y ayuda a controlar la presión arterial y el peso.

Además, caminar activa las áreas cerebrales asociadas al control cognitivo y al procesamiento de la atención, sobre todo si lo hacemos al aire libre. Se ha demostrado que caminar rodeados de naturaleza (en la playa, en la montaña, en un parque) activa en mayor medida las áreas emocionales, aportando bienestar e incrementando nuestra capacidad de concentración. Pero para ello debemos convertirlo en un hábito, en una rutina —tardaremos unas semanas—, en una actividad que esté incorporada en nuestro comportamiento diario.

Si, además, somos proclives a padecer episodios de ansiedad o de angustia, caminar una hora al día es esencial y debería formar parte del tratamiento junto con los fármacos adecuados y la psicoterapia. Quienes lo hacen duermen mucho mejor y mejoran el ánimo, por no decir que los efectos secundarios del tratamiento farmacológico —como el aumento de peso— son mucho menores.

## La filosofía del yoga y del Zen

Entre las principales técnicas de relajación que han demostrado ser eficaces en la prevención, el tratamiento y el pronóstico de numerosas enfermedades —físicas y mentales— se encuentra el yoga, que pretende conectar la mente con el cuerpo. Es este un concepto capital en la cultura hindú con el que se busca liberar al ser humano de cualquier vivencia que implique dolor o sufrimiento. Supone autocontrol y autodisciplina, y constituye un entrenamiento psicofísico, moral y espiritual. En última instancia, el objetivo de la filosofía del yoga es generar y fomentar la conexión entre el ser humano y el universo.

Mediante la práctica de ciertas posturas corporales y, sobre todo, de técnicas de regulación de la respiración, el sujeto se relaja, deja de estar tensionado y aprende a manejar situaciones conflictivas y a evitar el estrés. También se ha demostrado que el yoga ayuda a mejorar la salud de personas que padecen problemas cardiovasculares crónicos e incluso diabetes.

El origen del yoga conecta también con el Zen, que es una práctica religiosa tradicional del budismo que nació porque, muchos siglos atrás, los guerreros samurái se dieron cuenta de que necesitaban *tranquilizarse* para hacer frente a acontecimientos como la muerte propia o la de sus compañeros. Así, los monjes zen diseñaron esta técnica para equilibrar la autoconsciencia y el orden, dos aspectos básicos de esta filosofía. En realidad, se trata de una técnica de meditación cuyo principio básico es que cada persona tiene la capacidad de elegir *qué* piensa y *cómo* lo piensa, ya que gran parte de lo que pensamos está condicionado por nuestras creencias, que en muchas ocasiones no nos permiten ver la esencia de las cosas.

Para estas técnicas de meditación la tranquilidad y el silencio son esenciales, ya que nos permiten encontrarnos con nosotros mismos y ver nuestro camino. Así, en un ejercicio clásico de respiración Zen se le explica al sujeto este principio básico:

LA MENTE Y EL CUERPO SON UNO SOLO.
EN CUERPO TRANQUILO, MENTE TRANQUILA.

La técnica implica controlar la respiración. Primero inspiramos larga y profundamente, y después exhalamos de manera aún más prolongada. La postura corporal debe ser relajada y la mente debe concentrarse únicamente en la respiración, descartando cualquier pensamiento que surja.

Parece sencillo, pero requiere de tiempo y de práctica. Actualmente existe otra técnica de respiración, llamada «técnica 4, 7, 8», basada en la respiración Zen, que ha demostrado ser eficaz para disminuir los niveles de ansiedad y bajar la presión arterial.

1. Toma aire, llenando los pulmones, durante 4 segundos.
2. Retén el aire durante 7 segundos.
3. Expúlsalo lentamente durante 8 segundos.

Lo ideal es repetir el ejercicio, al menos, tres o cuatro veces al día, sobre todo si nos hemos despertado ansiosos o si tenemos dificultades para conciliar el sueño porque algo nos preocupa.

## *El* mindfulness

Del yoga o el Zen deriva la técnica del *mindfulness,* que pretende enseñarnos a vivir el presente mediante lo que se denomina «atención plena». Ha demostrado ser eficaz en el manejo del estrés y mejora la capacidad de concentración y atención. Su origen está en la meditación budista (cinco mil años de antigüedad), aunque no fue hasta principios del siglo XX cuando comenzó a utilizarse en Occidente. En la década de los años ochenta del siglo pasado se implantó el programa Reducción del Estrés Basado en *Mindfulness* (MBSR, por sus siglas en inglés), que utiliza estas técnicas de meditación en el tratamiento de pacientes con enfermedades crónicas.

Como decimos, el *mindfulness* consiste en tomar conciencia del momento presente, centrándonos en nuestros pensamientos y emociones, en lo que estamos sintiendo, pero sin elaborar juicios. El objetivo es lograr esa atención plena —«aquí y ahora»— que permita observar los pensamientos con perspectiva.

Se trata de una técnica que podemos practicar en casa —basta con media hora diaria— y lo ideal es hacerlo sentados en una postura cómoda. Primero pondremos toda nuestra atención en la respiración y, posteriormente, intentaremos observar nuestros sentimientos y pensamientos de manera impersonal, sin valorar si son buenos o malos. Se ha demostrado que esta técnica mejora la capacidad de concentración, la memoria y la inteligencia emocional, ya que nos permite conocernos mejor y controlar las emociones negativas y el estrés.

## LA IMPORTANCIA DEL SILENCIO

Nuestro cerebro necesita silencio. Se sabe que, como sucede con el estrés, los ambientes ruidosos provocan una mayor liberación de cortisol. Estudios recientes han demostrado que el silencio activa algunas conexiones cerebrales clave, como la llamada «red por defecto» —también se activa durante la meditación—, que nos posibilita conectar con nuestra vida interior.

Por lo general, las personas que viven en ambientes ruidosos suelen tener la presión arterial más alta, una mayor frecuencia cardíaca, más probabilidades de padecer estrés y, obviamente, una menor calidad del sueño.

Si vivimos en grandes ciudades nos vemos obligados a convivir con el ruido, aunque podemos buscar espacios silenciosos en los parques y, cuando es posible, salir a pasear por la naturaleza. Eso sí: evita el radio, la música o los *podcast*...

Estamos tan acostumbrados al ruido que, en ocasiones, el silencio nos resulta molesto, quizá porque lo asociamos a la soledad. Hay muchas personas que lo primero que hacen cuando llegan a casa es encender el radio o la televisión, solo porque hacen ruido y porque parece que así se sienten acompañadas. Esta costumbre debe llevarnos a una reflexión: ¿por qué nos cuesta tanto estar en silencio? ¿Por qué huimos de nuestra vida interior? Sabemos que somos mucho más productivos y felices cuando nuestra mente y nuestro cuerpo están en armonía, por lo que desde aquí recomiendo *practicar* el silencio siempre que nos sea posible. Los beneficios serán inmediatos.

## LA TRASCENDENCIA DEL ESPACIO EN EL QUE VIVIMOS

El confinamiento al que estuvimos sometidos como consecuencia de la pandemia de la Covid-19 nos ha hecho prestar mucha más atención al espacio en el que vivimos. Las personas que habitan en casas luminosas y espaciosas han llevado mucho mejor la situación. Y lo mismo ha sucedido con las oficinas. La luz aumenta la sensación de vitalidad, ya que hace que nuestros niveles de melatonina y serotonina —que afectan al ánimo— sean mayores.

Pero nuestra casa es mucho más que un espacio que pueda medirse en metros cuadrados o en el número de habitaciones que tenga. Se trata de nuestro hogar, es decir, ese lugar en el que podemos descansar después de un largo día de trabajo, donde disfrutamos con los amigos y familiares. En definitiva, las casas *están* vivas, no son estáticas, reflejan nuestra personalidad, que, como ya hemos dicho, es cambiante y dinámica. Por ejemplo, durante Navidad las decoramos y ponemos el árbol, el nacimiento o las flores de Pascua. En esa época decimos aquello de «mi casa parece otra», y ese nuevo aire nos sienta bien. No solo los niños disfrutan del nuevo aspecto, más luminoso, del hogar; los adultos también percibimos un cambio en nuestro ánimo, que se vuelve más alegre y generoso.

## Orden, equilibrio y color

Pero, además de la luz y del espacio, hay otro aspecto de nuestras casas al que debemos prestar atención. Me refiero al orden. Seguro que todos hemos comprobado alguna vez cómo nuestra manera de estar y de responder es diferente si existe o no orden a nuestro alrededor. Pasear por una ciudad limpia y ordenada tiene en nosotros un efecto beneficioso; sin darnos cuenta nos volvemos más cuidadosos y no se nos ocurre tirar un papel al piso. Lo mismo sucede en casa. Si al entrar en la cocina vemos que está ordenada y limpia, seguramente dejaremos la taza del café en el lavavajillas después de usarla o la lavaremos inmediatamente. A nuestro cerebro le sucede algo parecido: funciona mejor si el ambiente que nos rodea está ordenado.

La investigadora estadounidense Kathleen Vos diseñó un experimento para valorar cómo se comportaban dos grupos de personas en función del orden que hubiera a su alrededor. El primer grupo estaba en una oficina ordenada, mientras que en el segundo reinaba el caos. A todos se les pidió que rellenaran un cuestionario y que después escogieran entre tomar una fruta o un *snack*. La mayoría de los del primer grupo se decantó por comer manzana, mucho más saludable que una bolsa de papas fritas, que fue lo que eligieron los del segundo grupo.

La falta de orden aumenta la liberación de hormonas relacionadas con el estrés y el cortisol. Los niños que crecen en un ambiente sucio, desordenado o caótico se desarrollarán más lentamente, serán más irritables y mostrarán más ansiedad que los que viven en un entorno ordenado y armónico. La escritora japonesa Marie Kondo ha publicado cuatro libros sobre el arte del orden y la buena organización. Uno de ellos se titula *La magia del orden. Herramientas para ordenar tu casa ¡y tu vida!* (2015) y ha sido traducido a numerosos idiomas. Su método consiste en enseñarnos a ordenar las cosas de tal modo que podamos verlas y escoger las que de verdad nos interesan, evitando la acumulación de objetos innecesarios que tan solo nos producen distorsión y confusión.

Está demostrado que la decoración y la disposición de nuestros muebles y objetos afectan a nuestro bienestar. Si en nuestra mesa de trabajo hay demasiadas cosas, pensaremos con menos claridad que si está limpia y ordenada. Por ejemplo, si colocamos las camisas y los suéteres por colores, la simetría se trasladará a nuestro cerebro y pensaremos de manera mucho más organizada y equilibrada.

Pero no solo el orden influye en nuestros pensamientos y en nuestro estado de ánimo. El color y el olor también son determinantes. Así lo demostró Edi Rama, pintor y alcalde de Tirana (capital de Albania) de 2000 a 2011, que decidió transformar la ciudad pintando las fachadas de algunos edificios con colores alegres y llamativos. Los habitantes reconocieron sentirse mucho más contentos, y esto se trasladó a las calles, que comenzaron a estar mucho más limpias y cuidadas. «La pintura de las fachadas no alimentó a los niños, ni tampoco colaboró a la recuperación de personas enfermas o a educar a ignorantes. Pero sí proyectó esperanza y algo de luz, ayudando a que la gente viera que había otra manera de hacer las cosas», explicó el alcalde a los medios. En poco tiempo los niveles de delincuencia disminuyeron considerablemente, la gente dejó de tirar basura en las calles y, de paso, logró que los ciudadanos de Tirana confiaran más en sus gobernantes. En 2004, Edi Rama, el «alcalde artista», fue considerado el mejor alcalde del mundo.

Los pequeños detalles, como las plantas, las fotografías de personas queridas o la ventilación, también ayudan a generar un ánimo más positivo. Por tanto, cuando organicemos nuestro espacio de trabajo o nuestra casa, pensemos en los colores y en los olores que nos gustan, en quiénes somos y en cómo queremos sentirnos y actuemos en consecuencia. Como ya he dicho, nuestra casa es mucho más que un espacio físico que puede medirse; es un espacio vital que refleja nuestros sentimientos y nuestro carácter.

## El espacio vital

Desde un punto de vista psicológico, el concepto de «espacio vital» se refiere a esa zona de seguridad que tiene el ser humano, ese núcleo íntimo y personal que le es propio y en el que comparte sus inquietudes y anhelos con otras personas. En resumen: el espacio vital es nuestro lugar en el mundo, ese ámbito en el que de verdad sentimos que podemos ser nosotros mismos y donde experimentamos una seguridad plena.

Pero también entendemos «espacio vital» como la distancia interpersonal que dejamos entre las personas cuando estamos con ellas, una distancia que se relaciona directamente con nuestro ánimo y con la relación que tengamos con los demás. Aunque, por supuesto, también influye la cultura... Por ejemplo, esa distancia es más amplia en los países nórdicos u orientales y menor en los países mediterráneos. Aun así, si alguien se acerca *demasiado,* lo más probable es que sintamos que esa persona está invadiendo nuestro espacio vital, mientras que, si está *demasiado* lejos, nos parecerá que no le importamos.

Las medidas de distanciamiento social impuestas por la pandemia nos obligaron a adaptarnos a un nuevo espacio vital, más distante —debíamos estar a un metro y medio de distancia los unos de los otros—, que en un primer momento nos resultó extraño e incluso incómodo. Porque, en este sentido, el espacio vital personal influye en el ánimo de todos nosotros. Si sientes confianza y te alegras de ver a una persona, lo normal es que desees tocarla y abrazarla —es un gesto de alegría—, algo que durante meses no hemos podido hacer. Las consecuencias de este «aislamiento personal» en el desarrollo psicológico de los individuos se están manifestando con bastante crudeza, sobre todo en los más jóvenes, ya que los datos indican que en este grupo de edad se ha producido un aumento notable en el diagnóstico de trastornos depresivos y de ansiedad.

## La alegría a través de los sentidos

*La vista y los colores*

Aunque la percepción del color es un proceso individual y subjetivo, la cultura también influye a la hora de asociarlos *mentalmente* con determinadas emociones y sentimientos (un ejemplo, tradicionalmente se ha asociado el color rosa con lo femenino y el azul con lo masculino), algo que conocen bien los responsables de *marketing*... Se sabe que el color rojo aumenta la sensación de hambre y de sed —quizá por eso el color de los envoltorios de las hamburguesas suelen ser rojos, así como las latas de Coca-Cola—, que el naranja da sensación de vitalidad o que el blanco nos relaja —por eso los ansiolíticos y los relajantes suelen ser de este color—. Asimismo, el azul (el color del mar y del cielo) lo asociamos con la tranquilidad, la armonía y la serenidad; el verde con la naturaleza y el equilibrio; el rojo con la pasión y el amor, y el negro con sucesos tristes, aunque también con la elegancia.

En 2019, la decoradora estadounidense Ingrid Fetell Lee escribió un libro titulado *Las formas de la alegría*, donde defiende que la alegría no solo es un estado interior provocado por algo o alguien externo, sino que también se relaciona con lo que vemos... Y vemos en color. No es lo mismo pasear por una ciudad lluviosa llena de personas ocultas por paraguas de color negro o azul que hacerlo cuando los paraguas son de colores vivos. Así, en el pueblo portugués de Águeda (cerca de Aveiro), desde 2014 en los meses de verano se adornan las calles con paraguas de colores, lo que dota a la ciudad de una gran alegría y dinamismo. Es todo un espectáculo visual que hace que las calles se llenen de vida y que la actividad comercial aumente.

## Los aromas

El ser humano es capaz de percibir más de diez mil olores diferentes. Mediante la mucosa olfativa, también llamada pituitaria, las personas recogemos las partículas aromáticas que entran en nuestras fosas nasales, que transmiten la información olfativa al cerebro. En función de cuál sea dicha información, el cerebro responderá con agrado o con desagrado, por lo que no es ninguna exageración afirmar que los olores también influyen en nuestro ánimo.

Se cree que los antiguos egipcios fueron los primeros que se dedicaron a fabricar perfumes, al principio como ofrenda a los dioses, ya que estaban convencidos de que determinados aromas les agradarían y, por tanto, serían más indulgentes. Posteriormente, los perfumes pasaron a ser considerados frívolos, lo que llevó a que en la Edad Media se utilizaran poco, aunque en el Renacimiento recuperaron su importancia y volvieron a ser objetos de deseo muy valorados.

Hoy en día, la industria del perfume es enorme y hay cientos de empresas que se dedican a crear perfumes capaces de modificar nuestros estados de ánimo. Así, por ejemplo, el olor a lavanda o a manzanilla nos relaja (si queremos dormir mejor se recomienda poner unas gotas de lavanda en la almohada); los de naranja, pomelo o mandarina aportan sensación de vitalidad y alegría; el de las rosas suele asociarse con el sentimiento amoroso… De ahí la importancia de la aromaterapia, una medicina complementaria que utiliza aceites esenciales de plantas y flores para curar ciertas dolencias. Aunque no hay evidencia científica de su eficacia, su uso está muy extendido y sí se ha podido demostrar que algunas sustancias aromáticas tienen un efecto beneficioso en nuestro estado de ánimo.

## El tacto y el contacto físico

Se trata de uno de los sentidos menos estudiados y, sin embargo, es fundamental a juzgar por la cantidad de receptores táctiles que tenemos en el cuerpo (no hay una zona de nuestra piel que no los tenga). En 2021, el premio Nobel de Medicina recayó en los investigadores estadounidenses Ardem Patapoutian y David Julius por sus estudios sobre los receptores del tacto y la temperatura. Sus investigaciones están permitiendo desarrollar técnicas y tratamientos para controlar el dolor, regular la temperatura corporal y conocer con más detalle cuál es el estado de nuestro organismo.

Un masaje relajante nos ayuda a aliviar la tensión, mientras que un masaje más intenso nos aportará vitalidad. En las relaciones íntimas, el sentido del tacto es fundamental. Es imprescindible para la supervivencia, pues nos permite percibir y sentir el mundo que nos rodea. También se ha demostrado la importancia del tacto en el desarrollo de los más pequeños: los que reciben menos abrazos y caricias tendrán más dificultades para establecer vínculos adecuados en el futuro.

Las personas podemos identificar emociones a partir del tacto. Por ejemplo, sabemos si una persona está angustiada, triste o preocupada según sea el apretón de manos que nos dé. Si es fuerte y duradero, es que se encuentra animada y cómoda; por el contrario, si se siente triste y vulnerable, el apretón será mucho más débil y dubitativo... Todas las personas necesitamos contacto físico, acariciarnos, tomarnos de la mano y abrazarnos cuando nos alegramos de ver a alguien o cuando, simplemente, nos sentimos felices por estar en su compañía. Tanto la distancia social como el confinamiento en casa durante la pandemia nos han hecho valorar mucho más la importancia que tiene ese contacto para nuestro bienestar. Durante todos esos largos meses hemos extrañado los abrazos, las caricias, los besos. Son gestos que nos definen, nos dicen quiénes somos, y, sin duda alguna, contribuyen de manera decisiva a la expresión de nuestros sentimientos.

## El oído y el poder de la música

Son muchos los estudios que han demostrado que la música influye directamente en nuestra forma de pensar, sentir y actuar, hasta el punto de poder afirmar que nos permite experimentar emociones de una manera más vívida e intensa, aun cuando no sean propias.

La neurociencia actual está mostrando un gran interés por cómo percibimos la música y por sus consecuencias en la actividad cerebral. Una de las conclusiones más llamativas es que los circuitos cerebrales implicados no son demasiado diferentes de los que actúan cuando conversamos o cuando recibimos estímulos visuales intensos. Sabemos que la música tiene consecuencias positivas en todos los procesos relacionados con la comunicación y, de hecho, se usa para estimular a pacientes que padecen algún tipo de daño cerebral, como los enfermos de Alzheimer o los niños autistas. También se ha demostrado que la musicoterapia, que usa las respuestas y las conexiones de una persona con la música para estimular cambios positivos en su estado de ánimo y su bienestar general, ayuda a la regeneración neuronal, disminuye los niveles de cortisol —por tanto, el estrés—, potencia nuestra creatividad y aumenta los niveles de serotonina, melatonina, norepinefrina y epinefrina, lo que hace que nos encontremos mucho más relajados.

La respuesta placentera que provoca la música está relacionada con el circuito de recompensa, que, como ya vimos, se activa con cualquier actividad que nos provoca placer. La música, además de ser un fenómeno cultural y social que nos conecta los unos con los otros, puede despertar, evocar, fortalecer y desarrollar cualquier emoción o sentimiento humano, pero, además, facilita el aprendizaje, desarrolla el sentido del orden, mejora la memoria, estimula la imaginación y la creatividad y favorece la expresión de nuestros sentimientos.

Parece que el origen de la música se remonta a unos cincuenta mil años atrás, y ya entonces se usaba para expresar sentimientos relacionados con la alegría y la felicidad. Para el hombre primitivo, la música y el baile eran símbolos de vida, y sabemos que cualquier celebración iba siempre acompañada de música. En el Antiguo Egipto había personas que se encargaban de tocar instrumentos tan complejos como el arpa o el oboe, siempre al servicio de los reyes y emperadores. Asimismo, en la Grecia clásica y en el Imperio romano la música estaba presente como un elemento cultural imprescindible y las canciones que se componían reflejaban el estado anímico de la sociedad, ya fuera en época de crisis o de bonanza.

Hasta hace poco más de un siglo, la música solo podía escucharse en teatros, salas e iglesias, por lo que se trataba de un «objeto» de lujo al que solo podían acceder unos pocos. Cuando se realizaron las primeras grabaciones musicales, el mundo entero se vio «invadido» por la música y todos pudimos sentir sus efectos benéficos, hasta el punto de que ya no somos capaces de vivir sin ella… De hecho, durante la pandemia todos hemos escuchado algunas canciones que se han convertido en himnos de resistencia y superación, como el «Resistiré» del Dúo Dinámico, que ayudó a fomentar esa sensación de cohesión social, de esperanza y de solidaridad que en ese momento tanto necesitábamos.

Cada persona percibe la música de manera diferente y escuchamos un tipo u otro según nuestro estado de ánimo. Así, los ritmos lentos nos provocan tranquilidad y cierta melancolía, mientras que los rápidos aumentan la sensación de alerta y nos invitan a la acción.

En resumen, todo lo que percibimos a través de nuestros sentidos nos ayuda a entender lo que nos sucede y cómo nos sentimos ante lo que nos sucede. Estemos atentos a la información que nos envían los sentidos y fomentemos los sentimientos positivos que estos nos permiten experimentar. De ese modo, nuestra vida será más plena y, lógicamente, más alegre.

## LA IMPORTANCIA DE LA DIETA

Como cualquier otro órgano, el cerebro se nutre de sustancias que están presentes en la dieta. Por tanto, la alimentación tiene un papel clave en el funcionamiento cerebral y, de hecho, hay investigaciones que sugieren que una de las causas que explican el incremento de los trastornos mentales es una dieta inadecuada. Está demostrado que una dieta rica en vitamina B1 (cereales, legumbres, pasta, frutos secos, huevos, carne) modula la actividad cognitiva, especialmente en ancianos, mientras que la presencia apropiada de vitamina B6 (pollo, pescado, papas, plátanos) es útil para aminorar los efectos del síndrome premenstrual, y, junto con la B12 (pescado, huevos, leche, pollo, pavo), para la formación de neurotransmisores.

En ocasiones, la dieta de una persona necesita suplementos, sobre todo de vitaminas y aminoácidos —que se transforman en neurotransmisores—, como ocurre con la depresión, que se asocia a niveles bajos de serotonina, dopamina, noradrenalina y GABA (un neurotransmisor inhibitorio, relacionado con el control de la ansiedad). Así, aminoácidos como el triptófano, la fenilalanina y la metionina son eficaces para tratar los trastornos relacionados con el estado de ánimo y la ansiedad.

De igual manera, los ácidos grasos, como el omega-3 (muy presente en el pescado azul), ayudan a prevenir ciertas alteraciones psicopatológicas, porque incrementan la plasticidad de las neuronas y mejoran la eficacia de los sistemas de neurotransmisión. Así, a los pacientes que padecen ansiedad, depresión, trastorno bipolar o de déficit de atención e hiperactividad los psiquiatras les solemos recomendar una dieta rica en omega-3 y triptófanos, es decir, les pedimos que coman con frecuencia pescado azul (salmón, atún, sardinas), frutos secos, cereales integrales, frutas como el plátano y, por supuesto, chocolate negro.

Pero no solo importan los nutrientes; la situación en la que comemos (en familia, solos, sentados o de pie) también es esencial para que los alimentos nos aporten la energía que necesitamos. Todos los sentidos se ponen en marcha cuando nos sentamos a la mesa. Se sabe que la presentación de la comida es fundamental para disfrutarla. La colocación de los platos y los vasos, la combinación de colores —tanto de los alimentos como de los utensilios— y el vínculo que tengamos con las personas que nos acompañen condicionan nuestro ánimo a la hora de comer. Y, como ocurre con todas las actividades que realizamos en el día, se trata de sentir placer y bienestar, de cuidarse a uno mismo y a los demás.

## ¡CUIDADO CON LA ERA DIGITAL!

Estaba en un barco en isla Catalina con mis hijos. Entonces miré el teléfono y la catedral de Notre Dame estaba ardiendo. Escribí a mis amigos de París: «Dios mío, es horrible». Luego recibí un mail de un productor de Hollywood que estaba enojado conmigo, y pensé: «Si estoy en un barco, ¿por qué estoy pendiente del productor y del incendio?».

PAMELA PAUL, *100 cosas que hemos perdido con Internet*

Era digital o de la información es el nombre que recibe el actual período de la historia, ligado a las tecnologías de la comunicación y a las redes sociales, que ha supuesto un enorme avance en el acceso a la información de la población general y que nos ha facilitado la comunicación con nuestro entorno personal y profesional. Está permitiendo que muchas personas puedan vivir en lugares alejados de sus centros de trabajo y de sus familias y, sin embrago, mantenerse siempre conectados.

La era digital tiene sus ventajas, como el teletrabajo o la telemedicina (podemos diagnosticar y tratar a pacientes sin tener que acudir a la consulta). Podemos disponer de numerosos contenidos audiovisuales sin necesidad de salir de casa y tenemos acceso a casi cualquier artículo en pocas horas o días. Incluso vemos a nuestros amigos sin necesidad de salir de nuestro cuarto conectándonos a un videojuego. Cuidamos de nuestra salud a través de aplicaciones que manejamos desde el celular, e incluso algunas las tenemos sin que las hayamos pedido, como esa que nos dice el número de pasos que damos al día.

Sin duda, todo esto ha supuesto una revolución, pero tiene sus aspectos negativos, que cada vez son más patentes. Como digo, vivimos en una época que se caracteriza por el acceso generalizado a la información y, sin embargo, la población está cada vez más desinformada.

Las razones que explican esta paradoja son numerosas, pero una de las primeras es que la explosión de información es tal que somos incapaces de procesarla adecuadamente: nuestro cerebro no está preparado para captar, entender, memorizar y recordar todo lo que recibe en tan poco tiempo. Además, en mi opinión, los mensajes que enviamos y recibimos son tan breves que los matices se pierden y no permiten el pensamiento crítico o la reflexión serena. Muchas de las informaciones que recibimos son opiniones no contrastadas que damos por ciertas; es decir, en numerosos casos confundimos opiniones personales con información veraz. Ya ni siquiera hace falta ir a una biblioteca o abrir un libro para encontrar datos sobre algo que nos interesa. La información está ahí, al alcance de cualquiera, en un *click,* y a menudo nos llega sin haberla buscado, tan solo hace falta encender la computadora para que el bombardeo de noticias nos llegue…, e inevitablemente nos desborda.

Esta inmediatez hace que sintamos la necesidad de contestar a los *e-mails* o *whatstapps* en cuanto los recibimos, a cualquier hora y sin importar lo que sea que estemos haciendo. Muchas personas contestan a sus mensajes y correos electrónicos mientras cenan con su familia, cuando se despiertan de madrugada o mientras intentan dar un paseo con sus hijos. En definitiva, hemos traspasado los límites de lo razonable.

Los adolescentes, quizá porque son una población vulnerable —sus conexiones cerebrales no están plenamente desarrolladas ni su personalidad aún está conformada—, son los que más síntomas de ansiedad presentan, e incluso trastornos de dependencia a los dispositivos electrónicos y a las redes sociales. Aunque también afecta a muchos adultos.

Que el abuso de Internet y de las redes sociales tiene sus desventajas es algo que saben desde hace años los gurús de Silicon Valley en Estados Unidos. De hecho, desde hace varios años, durante los fines de semana, los directivos de las principales empresas tecnológicas del mundo no utilizan ninguna red social, no contestan ni a los *e-mails* ni a los *whatsapps,* y sus hijos tienen prohibido usar el celular o las *tablets.* Ni siquiera en las escuelas las usan: prefieren los libros y los cuadernos. De este modo se pretende evitar que tanto adultos como niños y adolescentes generen dependencia e impedir así que el cerebro libere más dopamina de la conveniente. Hay quien va aún más allá y, para compensar, recomiendan que durante los fines de semana los trabajadores lleven una vida tranquila, beban solo agua, hagan ejercicio y coman alimentos bajos en calorías y azúcares. Incluso recomiendan no tener relaciones sexuales para evitar liberar dopamina y tener tiempo para estar con uno mismo y con los seres queridos más importantes.

Está claro que no podemos vivir al margen del desarrollo tecnológico, pues, queramos o no, estamos en la era digital, pero de nosotros depende obtener sus beneficios y minimizar sus riesgos y sus perjuicios. Los límites son fundamentales en nuestra vida, y para sentirnos bien necesitamos silencio, hacer ejercicio, estar bien acompañados y tiempo de calidad para dedicárselo a los demás y permitir que estos nos lo dediquen a nosotros.

## LA IMPORTANCIA DE LA GENEROSIDAD

El que es feliz hace feliz a los demás; el que tiene valor
y fe nunca estará sumido en la desgracia.

ANA FRANK, *Diario*

El ser humano se encuentra mejor cuando hace el bien,
y es feliz cuando transmite felicidad y alegría a los que tiene
a su alrededor. Pero ¿cómo podemos hacerlo?

A menudo se escucha eso de que el hombre es egoísta
por naturaleza, que solo piensa en sí mismo y en sus necesidades… En mi opinión, la frase no es del todo cierta, porque está más que comprobado que nos sentimos mejor si
hacemos que los demás se sientan bien.

Los pacientes deprimidos piensan mucho en sí mismos,
en lo mal que se sienten, en lo que deberían haber hecho y
no hicieron… y están convencidos de que nunca mejorarán.
Solo cuando empiezan a responder al tratamiento, su discurso cambia y empiezan a pensar y a preocuparse por sus
seres queridos, además de mostrar deseos de dar y de darse.
Porque, en general, es mejor dar que recibir, y sabemos que
la generosidad contribuye a la liberación de neurotransmisores como la oxitocina y la vasopresina, que intervienen en
la sensación de placer y de bienestar.

En un estudio de 2018 varios investigadores de la Universidad de Chicago llegaron a la conclusión de que, en
efecto, es mejor dar que recibir. Seleccionaron a noventa y
seis estudiantes a los que se les estuvo dando cinco dólares

diarios durante cinco días. Unos tenían que gastarlos en sí mismos, y otros, en los demás. Los del primer grupo fueron mostrando unos niveles de satisfacción mucho menores según avanzaban los días, mientras que en los del segundo grupo, el nivel de satisfacción se mantuvo estable. Los responsables del estudio interpretaron este resultado argumentando que, quizá, cada acto de generosidad es percibido como un acontecimiento único e irrepetible, por lo que la sensación de novedad no disminuye en intensidad.

Las empresas cada vez se preocupan más por el bienestar de sus empleados, ya que se ha visto que, cuando estos se sienten satisfechos, son más eficientes y su productividad aumenta. Por el contrario, los trabajadores desmotivados se vuelven impuntuales, faltan con más frecuencia y su productividad disminuye considerablemente. Ahora bien, para lograr esa satisfacción no basta con obtener un salario adecuado. También será necesario implicarlos en los objetivos de la empresa y que se sientan responsables de los logros. La sensación de responsabilidad y pertenencia, combinada con la de bienestar y satisfacción, hará que tanto empresarios como trabajadores se sientan mejor, más reconocidos y más predispuestos a seguir luchando por el beneficio de todos.

# 10
## EN BUSCA DE LA ALEGRÍA
## EN MOMENTOS DIFÍCILES

No tendrás otra vida como esta. Nunca volverás a
desempeñar este papel ni a experimentar esta vida tal
como se te ha dado. Nunca volverás a experimentar el
mundo como en esta vida, en esta serie de circunstancias
concretas, con estos padres, hijos y familiares. Nunca
tendrás los mismos amigos otra vez. Nunca experimentarás
de nuevo la Tierra en este tiempo con todas sus maravillas.
No esperes para echar una última mirada al océano,
al cielo, a las estrellas o a un ser querido. Ve a verlos ahora.

ELISABETH KÜBLER-ROSS, *Lecciones de vida*

Comencé a escribir este libro en la octava semana del confinamiento decretado por la pandemia de la Covid-19. Lo
había intentado antes —muchas veces—, pero, como les
sucedió a tantas personas, la realidad era tan triste, tan
trágica y dolorosa que apenas había hueco para la inspira-
ción. Conseguir algo de serenidad y de calma para escribir
sobre la alegría y su búsqueda se me hacía prácticamente
imposible.

Gestionar la incertidumbre, el miedo, la angustia, el
dolor, la rabia y la frustración se convirtió en la tarea prin-

cipal de la mayoría de los ciudadanos. Todos hemos visto de lo que somos capaces y poco a poco hemos salido de la tristeza y de la angustia, y hemos empezado a vislumbrar y a reconocer la alegría que habita en cada uno de nosotros. Porque alegría es haber sido capaces de superar una situación tan excepcional y dolorosa como esta; alegría es haber sabido encontrar momentos para estar tranquilos, para ver las cosas buenas que, pese a todo, nos suceden a diario; alegría es aprender a valorar lo que nos ofrece la vida; alegría es haber recuperado la esperanza y haber hallado razones para seguir viviendo y luchando por aquello en lo que creemos.

Desde un punto de vista psiquiátrico, la situación vivida puede considerarse un *desastre,* es decir, un acontecimiento que produce un gran daño y que supera nuestra capacidad de adaptación. Como vemos, la definición se refiere a la magnitud del suceso en sí, que puede ser natural (un terremoto, una inundación o una pandemia) o provocado por el hombre (atentados terroristas, guerras, etc.). La repercusión del desastre es tanto social como individual, y se sabe que, cuando un acontecimiento afecta a más de ciento veinte personas, serán necesarias intervenciones no rutinarias y un importante esfuerzo de coordinación. Y esto, a gran escala, es lo que nos ha sucedido. La pandemia provocó el derrumbe del funcionamiento diario de la sociedad, el sistema de salud se vio desbordado, las instituciones dejaron de funcionar con normalidad y los ciudadanos no sabíamos dónde pedir ayuda.

Repito: desde un punto de vista psíquico y psiquiátrico, la pandemia debe considerarse un desastre —con todo lo que la palabra implica—, pues solo así podremos hacer frente a las consecuencias, entre las cuales destacan los trastornos mentales, tanto los nuevos como los que ya estaban y que se han visto agravados.

El impacto negativo de un desastre —natural o provocado por el hombre— puede verse amortiguado en función de los siguientes factores:

- La capacidad de adaptación psicológica del individuo.
- La capacidad (o fortaleza) de las estructuras sociales.
- La cantidad de ayuda externa que se reciba.

Si un desastre afecta a colectivos o poblaciones que cuentan con importantes recursos sociales, la ayuda externa hará que las posibilidades de recuperación sean mayores. Del mismo modo, si el desastre afecta a personas fuertes, resilientes o más entrenadas ante la adversidad, las consecuencias también serán menores.

Salir de un desastre como el que hemos vivido no solo requiere de inyecciones de dinero. Porque todo ha cambiado o debe cambiar para poder continuar. Un ejemplo claro es la implantación del teletrabajo, que se convirtió en indispensable durante los meses de confinamiento, y que parece que ha venido para quedarse.

Cuando se decretó el estado de alarma, muchos de los que no estábamos en primera línea pensamos que tendríamos tiempo para hacer todo aquello que teníamos pendiente, como ordenar clósets, pasar más tiempo con los hijos y con la pareja, leer, estudiar, etc. Nos parecía que nuestra *vivencia* del tiempo cambiaría y que se convertiría en un aliado que, por fin, nos permitiría hacer lo que siempre habíamos deseado. Sin embargo, esa sensación duró muy poco y pronto nos dimos cuenta de que el tiempo no se había detenido, que las horas y los días pasaban —incluso más rápido que antes— y que el estrés de la vida cotidiana seguía estando presente, pero ahora con la incertidumbre, la inquietud y el miedo como compañeros permanentes. La preocupación y la angustia se convirtieron en los sentimientos más habituales. No se nos permitía ver a nuestros familiares y amigos y, aunque parecía que la vida se había detenido, seguíamos viviendo y sintiendo emociones, muchas de ellas desconocidas.

Sin embargo, aunque la tristeza, la impotencia y la frustración que sentíamos al leer o escuchar las noticias tuvieron un impacto fortísimo en nuestras vidas, también tuvimos la oportunidad de reflexionar sobre nosotros mismos y, quizá, de cambiar nuestras prioridades.

Una vez pasados los meses, tuvimos que volver a adaptarnos. La vida continuaba, pero era mucho más difícil y compleja. Nos vimos obligados a cambiar nuestra manera de relacionarnos, de trabajar, de estudiar…, por no hablar de las consecuencias económicas devastadoras que la pandemia trajo a miles de familias.

En resumidas cuentas, hemos tenido que modificar nuestro estilo de vida y hemos descubierto fortalezas que no sabíamos que existían. Un ejemplo de ello son los muchos padres y madres que descubrieron que hacer la tarea con los hijos no era tan aburrido como pensaban, y los hijos vieron que pasar tiempo con sus padres podía ser divertido y enriquecedor. Respecto a nuestros adultos mayores —sin duda, los que peor la pasaron—, nos dimos cuenta de las enormes dificultades a las que se enfrentaban, y aunque no pudiéramos verlos, estoy segura de que todos pensamos mucho más en ellos.

De alguna manera, nos dimos cuenta de que si conseguíamos estar alegres nuestros seres queridos también lo estarían. Aprendimos a convivir con nuestra pareja y con nuestros hijos de un modo desconocido hasta entonces, y para ello recurrimos al respeto y a la empatía…, aunque, probablemente, lo más difícil fue aprender a convivir con nosotros mismos y a buscar en nuestro interior esos sentimientos positivos que nos ayudarían a superar la situación.

## LA VIDA Y LA ALEGRÍA SE ADAPTAN A LAS CIRCUNSTANCIAS

En ocasiones, para encontrar lo bueno de una situación y aprender de ella solo basta con observar lo que nos sucede, cómo nos sentimos, qué mensajes nos envía el cuerpo… Solo así seremos capaces de interpretar adecuadamente lo que está sucediendo. Por ejemplo, dejar de dormir o estar más nervioso de lo habitual —muchos tuvimos estos síntomas durante la pandemia— son mensajes que nos indican que lo que está ocurriendo es trágico y doloroso.

Pero también hemos aprendido a valorar las cosas buenas. La Tierra no dejó de girar, a los pocos días el cielo era más azul, los atardeceres más bonitos, se veían estrellas por la noche, los árboles y las flores crecían más verdes y robustos, los animales vivían más libres y parecía que nos habían perdido el miedo... Probablemente, hemos vivido las dos primaveras más hermosas de los últimos siglos y hemos podido comprobar que la naturaleza se recupera más rápido de lo que imaginábamos y con todo su esplendor.

Cuando por fin pudimos salir a la calle, las personas habían dejado de ser invisibles. Saludábamos a los vecinos y nos interesábamos por su salud. Volvimos a dar las gracias, a pedir las cosas «por favor», a respetar las distancias de seguridad, aunque eso implicara poner a prueba nuestra paciencia en las filas que se formaban en los supermercados y en las farmacias. Tuvimos que adaptarnos a la nueva situación, y lo cierto es que lo hicimos a toda velocidad.

## Las fases del duelo durante la pandemia

Llevábamos unas pocas semanas confinados en casa cuando muchas personas empezaron a contar sus miedos, sus preocupaciones y sus angustias en busca de consuelo. La situación era muy difícil y pronto nos dimos cuenta de que esas personas estaban pasando por un proceso de duelo similar al que, en 1969, la psiquiatra estadounidense (de origen suizo) Elisabeth Kübler-Ross (1926-2004) describió en su libro *Sobre la muerte y los moribundos*. Las cinco fases del duelo que ella estableció a raíz de sus investigaciones sobre la aceptación de la muerte siguen estando vigentes —ahora más si cabe—, y son las siguientes:

1. *Fase de shock o de negación*. Cuando a una persona le comunican que tiene una enfermedad para la que no existe tratamiento, y que lo más probable es que muera en unas pocas semanas o meses, la primera reacción será el *shock*, es decir, la incredulidad, «esto no puede estar sucediéndome, seguro que se trata de un error»… Es una fase breve que pasará en cuanto el individuo llegue al convencimiento de que la situación es irremediable.

2. *Fase de ira*. Aparecen sentimientos de rabia, frustración y enojo con uno mismo y con el mundo. El paciente pensará que lo que le sucede no es justo y se resistirá a aceptar la realidad. Esta fase puede ser muy destructiva, porque se instalará en él el desánimo, la culpa, la desesperanza y la agresividad hacia sí mismo. En este momento es fundamental acompañar al paciente y darle toda la ayuda posible.

3. *Fase de negociación*. El paciente cambiará de actitud y tratará de negociar, pensando que, si hace todo lo que le dicen, se recuperará y superará la enfermedad.

4. *Fase de depresión*. El paciente se da cuenta de que sus esfuerzos son inútiles porque la enfermedad es irreversible y morirá pronto. En esta fase surgen sen-

timientos como el miedo a la muerte, al dolor y a la soledad, así como tristeza y angustia vital. El paciente necesitará apoyo, cariño y comprensión, hasta que se convenza de que no morirá con dolor, que estará acompañado por quienes lo quieren y que siempre podrá recurrir a los cuidados paliativos para evitar el sufrimiento causado por la enfermedad.

5. *Fase de aceptación.* El paciente será capaz de aprovechar el tiempo que le queda en la compañía de sus seres queridos. Dejará de tener miedo, porque la incertidumbre habrá desaparecido y sabrá cómo serán sus últimos días.

Durante los meses de marzo, abril y mayo de 2020 muchas personas sintieron rabia, ira, frustración, miedo, angustia, tristeza o desesperanza, sentimientos que, como acabamos de ver, aparecen en las fases de duelo por las que pasan los pacientes terminales. No solo los experimentaron los que padecían la enfermedad o quienes habían perdido a un ser querido, sino cualquiera de nosotros, cualquiera que fuera consciente de lo que estaba pasando. De alguna manera, y con diferente intensidad, todos pensamos en la muerte, en la fragilidad de la vida y en la vulnerabilidad del ser humano. Hasta ese momento habíamos vivido de espaldas a la muerte, que siempre se ha considerado un tema tabú del que no se debe hablar; tan solo la vemos —pensamos en ella— cuando perdemos a un familiar o a un amigo o cuando nos enteramos del fallecimiento de alguien en las noticias y pensamos que podría habernos sucedido a nosotros. Sin embargo, en nuestra vida cotidiana casi nunca reflexionamos sobre lo único cierto que sabemos que nos va a pasar.

Cuando, antes de decretarse el estado de alarma, comenzó a hablarse de que no estábamos ante una epidemia, sino ante una pandemia, muchas personas se negaron a aceptar la realidad; de ahí que no se respetaran las primeras medidas que se adoptaron, como restringir las concentraciones de personas en espacios públicos, mantener la distancia de seguridad o no saludarnos con besos y abrazos.

Pasaron apenas unos días cuando la situación se complicó y la OMS declaró que se trataba de una pandemia y que debían tomarse medidas drásticas para contenerla. Los Gobiernos nos prohibieron salir de casa para no infectarnos y no infectar a los demás, ya que la enfermedad provocada por el virus estaba causando la muerte de miles de personas al día, sobre todo entre los más vulnerables por su avanzada edad o porque padecían enfermedades previas. Pero el virus también infectaba a los jóvenes y a las personas sanas… Lo único que sabíamos era que se extendía con suma rapidez y que era mucho más contagioso y peligroso que una gripe normal. Durante esos primeros días de confinamiento muchas personas sintieron miedo, frustración y rabia por lo que estaba ocurriendo y por lo que iba a suceder. El desconcierto y la incertidumbre eran totales, sentimientos que recuerdan a los que aparecen en la segunda fase de un proceso de duelo.

Los días, muy parecidos unos a otros, comenzaron a pasar rápidamente y muchas personas pensaron que todo esto acabaría pronto y que, si hacíamos bien las cosas, volveríamos a la normalidad. De alguna manera comenzamos a experimentar la fase de negociación, que suele ser la más breve, porque rápidamente nos dimos cuenta de que la solución no dependía solo de nosotros. Daba igual que la mayoría respetáramos las normas; el virus seguía avanzando y cobrándose la vida de miles de personas.

Entonces aparecieron sentimientos como la tristeza, el miedo y la desesperanza. Todos nos sentíamos irritados y angustiados, sentimientos que aparecen en la etapa depresiva y que en este caso no podían durar demasiado porque, como sociedad, debíamos superar la situación y restablecer nuestras vidas. Afortunadamente, el final de la «primera ola» de la pandemia coincidió con el inicio de las vacaciones de verano, lo que nos ayudó a aceptar lo que estaba pasando. Superamos el miedo y seguimos adelante. Podíamos reunirnos con amigos y familiares, ir al cine, al teatro, pasear por la playa… En definitiva, volvimos a experimentar la alegría de los pequeños momentos y aprendimos a valorar esos sucesos cotidianos a los que antes apenas prestábamos atención: pasear solos o con un amigo, disfrutar de las vacaciones, volver a ver a los compañeros de trabajo… Nos reconciliamos con el presente y aceptamos la nueva realidad, que es lo que pasa en la última etapa del duelo.

## El renacer de la alegría

La vida está llena de pérdidas —muerte de familiares, separaciones, fracasos profesionales...—, lo que nos obliga a hacer duelos constantes para reencontrarnos con la alegría. Por lo general, logramos superar esas pérdidas con el apoyo de nuestros seres queridos y, casi sin darnos cuenta, nos sobreponemos hasta que volvemos a percibir que la vida está llena de momentos felices, de ilusiones y de retos.

Los sentimientos que hemos experimentado durante los duelos (tristeza, rabia, ira, frustración, desesperanza) seguramente han tenido un valor adaptativo; es decir, han surgido como una forma de protección ante el peligro que nos acechaba y al que no sabíamos cómo hacer frente. Sin embargo, la alegría seguía presente en los pequeños gestos y en las acciones de la vida cotidiana: la llamada de un vecino solo para saber cómo estamos o para desearnos un buen día; la sonrisa de nuestra pareja o de nuestros hijos; el momento de conexión con los demás cuando, por las tardes, salíamos a los balcones de nuestras casas a aplaudir —y a animarnos a resistir—; el descubrimiento de que somos más fuertes de lo que creíamos; el deseo y la esperanza de sacar algo positivo de toda esta situación... Lo cierto es que pudimos reflexionar sobre nosotros mismos y encontramos un sinfín de cosas buenas que ni siquiera sabíamos que teníamos. Porque hemos sido capaces de estar encerrados en casa sin ver a los amigos, sin ir al cine o salir de fiesta; hemos aprendido a teletrabajar, a cuidarnos un poco más, a ocupar el tiempo sin quejarnos, incluso a disfrutar de la soledad... En realidad, creo que podemos sentirnos orgullosos y decirnos a nosotros mismos que hemos sido capaces de *vivir* esta etapa clave de nuestras vidas en la que, pese a la crudeza de la situación, la alegría ha seguido estando presente. En realidad, nunca desapareció; tan solo se trataba de encontrarla de nuevo y de permitir que renaciera.

Ante un desastre como el que hemos vivido en todo el planeta existen tres reacciones posibles. La primera es negar la realidad, lo que producirá aún más angustia y desesperanza. La segunda es la resignación, más útil que la negación, aunque nos convierte en víctimas de lo sucedido, lo que también producirá sentimientos negativos. Y la tercera es la aceptación —la mejor de las tres opciones—, que nos llevará a valorar las pequeñas cosas y nos permitirá volver a experimentar la alegría.

Por tanto, si en este momento eres capaz de extraer cosas positivas de lo sucedido en los dos últimos años, el esfuerzo de seguir adelante no habrá sido en vano y el recuerdo que guardaremos de la pandemia no será totalmente negativo.

## UN CUENTO PARA VENCER LA ADVERSIDAD

En este punto del libro me viene a la memoria el cuento que Carl G. Jung escribió en uno de los momentos más difíciles de su vida, justo cuando acababa de distanciarse definitivamente de su maestro Sigmund Freud. El cuento, en realidad, es un capítulo de *El libro rojo,* una obra autobiográfica que Jung no quiso publicar en vida (la primera edición salió en 2009). Se trata de la conversación que mantienen el capitán de un barco y un joven marinero que se han visto obligados a hacer cuarentena en el puerto en el que están atracados.

CAPITÁN: ¿Qué te inquieta, chico? ¿No tienes bastante comida? ¿No duermes lo suficiente?

CHICO: No es eso, capitán. Es que no soporto no poder bajar a tierra y no poder abrazar a mi familia.

CAPITÁN: ¿Y si te dejaran bajar y estuvieras enfermo? ¿Soportarías la culpa de infectar a alguien que no puede aguantar la enfermedad?

CHICO: No me lo perdonaría nunca, aun si para mí han inventado esta peste.

CAPITÁN: Puede ser, pero ¿y si no fuera así?

CHICO: Entiendo lo que quiere decir, pero me siento privado de libertad, capitán. Me han privado de algo.

CAPITÁN: Y tú aún deberías privarte de algo más…

CHICO: ¿Me está tomando el pelo?

CAPITÁN: En absoluto. Si te privas de algo y no respondes de manera adecuada, habrás perdido.

CHICO: Entonces, según usted, ¿si me quitan algo para vencer, debo quitarme alguna cosa más por mí mismo?

CAPITÁN: Así es, lo hice en la cuarentena hace siete años.

CHICO: ¿Y qué es lo que se quitó?

CAPITÁN: Tuve que esperar más de veinte días en el barco. Eran meses en los que esperaba llegar a puerto y gozar de la primavera en tierra. Pero hubo una epidemia y nos prohibieron bajar a Port April. Los primeros días fueron duros y me sentía igual que ustedes. Luego empecé a contestar a esas imposiciones sin utilizar la lógica. Sabía que, tras veintiún días de este comportamiento, se crea una costumbre, y en vez de lamentarme y crear costumbres negativas, empecé a portarme de manera diferente a los demás. Empecé a reflexionar sobre aquellos que tienen muchas privaciones cada día de sus miserables vidas y luego decidí vencer.

Comencé con el alimento. Me impuse comer la mitad de lo que ingería habitualmente. Luego empecé a seleccionar los alimentos más digeribles para que no se sobrecargara mi cuerpo y me nutrí con alimentos que, por tradición, se habían demostrado saludables para el hombre. El siguiente paso fue depurar los pensamientos malsanos y tener, cada vez más, pensamientos elevados y nobles. Me propuse leer al menos una página al día de un argumento que no conociera; me impuse hacer ejercicio sobre el puente del barco... Un viejo hindú me había dicho años atrás que el cuerpo se potenciaba reteniendo el alimento y me obligué a hacer profundas respiraciones cada mañana. Creo que mis pulmones nunca llegaron a tener tal capacidad y fuerza. Por la tarde era la hora de las oraciones, la hora de dar las gracias a cualquier entidad por no haberme dado privaciones serias durante toda mi vida. El viejo hindú me había aconsejado también tener la costumbre de imaginar que la luz entraba en mí y me hacía más fuerte. Esto podía funcionar también con la gente que quiero, que estaba lejos, y así integré también esa práctica en mi rutina diaria en el barco. En vez de pensar en todo lo que no podía hacer, pensaba en lo que haría cuando bajara a tierra. Visualizaba las escenas cada día, las vivía intensamente y gozaba de la espera... Todo lo que podemos obtener en el momento nunca es interesante. La espera sirve para sublimar el deseo y hacerlo más poderoso. Me había privado de alimentos suculentos, de botellas de ron, de imprecaciones e insultos, de jugar a las cartas, de dormir mucho, de estar ocioso, de pensar en lo que me habían quitado.

CHICO: ¿Cómo acabó, capitán?

CAPITÁN: Adquirí todas aquellas costumbres nuevas y me dejaron bajar después de mucho más tiempo del previsto.

CHICO: ¿Lo privaron de la primavera?

CAPITÁN: Sí, me privaron de la primavera y de muchas cosas más. Pero yo había florecido igualmente; me había llevado la primavera dentro de mí y nadie, jamás, habría podido quitármela.

En efecto, la primavera está dentro de cada uno de nosotros y nada ni nadie puede arrebatárnosla. Para conocernos bien y saber qué es lo que deseamos y adónde queremos llegar debemos reflexionar sobre nuestras experiencias, adoptar una actitud resiliente (fortaleza y aprendizaje) y pensar que hacemos lo que hacemos porque eso es lo que nos transmite paz y alegría.

# 11
## «LA PUERTA SIEMPRE ESTÁ ABIERTA»

En los pequeños asuntos confía en tu mente;
en los grandes, en el corazón.

SIGMUND FREUD

En los años noventa del siglo pasado, el profesor Martin Seligman escribió un libro titulado *La auténtica felicidad* en el que explicaba que existen tres vías para lograr una vida feliz. La primera la llamó la *vida placentera,* en la que las emociones positivas y agradables están mucho más presentes que las negativas, y el individuo es capaz de potenciarlas. La segunda es la *vida de compromiso,* en la que la persona dedica su vida a lograr aquello con lo que se ha comprometido: el trabajo, los hijos, la pareja, el arte, etc. La tercera es la *vida significativa,* en la que el individuo es feliz porque dirige sus acciones a mejorar el mundo y las vidas de los demás. Cuando Seligman publicó el libro no creía que ninguna de esas formas de vivir fuera mejor que las otras. Sin embargo, en sus investigaciones posteriores dejó de darle tanta importancia a la felicidad, ya que esta es temporal y subjetiva, y comenzó a centrarse en el bienestar y en cómo hallarlo. Así, en 2012 publicó el libro *Florecer,* en el que describe los cinco elementos que, en su opinión, conforman el bienestar:

1. *La positividad:* consistente en ver resultados positivos en cualquier momento de nuestra vida.
2. Ser capaz de tener *relaciones positivas,* ya sean relaciones de amistad, de trabajo o familiares (con hijos y pareja).
3. Involucrarte o *comprometerte* con algo en lo que crees.
4. Darle un sentido y un *propósito a la vida,* es decir, un porqué y un para qué.
5. *Tener metas,* ya sean a corto, mediano o largo plazo.

## BENEFICIOS DE LA ALEGRÍA

Debemos sentirnos afortunados —incluso privilegiados— por ser capaces de experimentar diferentes sentimientos y emociones. Podemos reír, llorar, amar, enojarnos, sorprendernos, entristecernos, ilusionarnos... Y, aunque no lo parezca, podemos escoger entre reír o llorar, entre ser optimista o pesimista, entre ver la vida con esperanza o permitir que el desánimo y la tristeza lo invadan todo. Porque la actitud positiva no es un lujo, sino una necesidad.

Por el contrario, las personas deprimidas no pueden escoger. Sus sentimientos y pensamientos son siempre negativos y han perdido la capacidad de disfrutar de las cosas. No es que *no quieran* adoptar una actitud positiva; es que, sencillamente, *no pueden.* Su enfermedad se lo impide y solo con el tratamiento adecuado lograrán salir de la espiral de tristeza en la que están metidos.

Como hemos visto a lo largo de este libro, la alegría es beneficiosa para nuestra salud física y mental. Nos fortalece, alarga la vida, mejora nuestra autoestima, nos prepara para las adversidades, nos vuelve más comprensivos y generosos, nos libra de enfermedades y, por si fuera poco, nos permite dar alegría a los demás. En realidad, la búsqueda de la alegría es la alegría en sí misma. Porque es la búsqueda la que nos permite encontrar esa madurez emocional e intelectual que, aunque no evite el sufrimiento de manera definitiva, sí ahorra el sufrimiento innecesario.

Buscar la alegría es aprender a ver el lado bueno de las cosas, y quien lo consigue posee coherencia y honestidad, cumple con su deber, es capaz de resolver los problemas, se preocupa por los demás, siente compasión, tiene valores éticos, acepta las normas morales y es capaz de hacer su particular contribución a la sociedad.

La alegría es una manera de vivir, independientemente de la situación en la que nos encontremos. Como decía Viktor Frankl, no es solo un sentimiento (me siento alegre) o un modo de ser (soy alegre), sino una *vivencia* que forma parte de lo que somos y de lo que queremos ser.

Quisiera terminar con una frase de la madre Teresa de Calcuta que nos invita a continuar buscando y viviendo la alegría:

NO HAY LLAVE PARA LA FELICIDAD.
LA PUERTA SIEMPRE ESTÁ ABIERTA.

# BIBLIOGRAFÍA

ABRAMS, D., LAMA, D. y DESMOND, T., *El libro de la alegría. Alcanza la felicidad duradera en un mundo de cambio constante,* Grijalbo, Barcelona, 2021.

ALLPORT, G. W., *La personalidad,* Herder, Barcelona, 1966.

AMERICAN PSYCHIATRIC ASSOCIATION, «Diagnostic and Statistical Manual of Mental Disorders», American Psychiatric Press, Washington, D. C., 2013.

ANDREASEN, N. C., «Intelligence and brain structure in normal individuals», *American Journal of Psychiatry,* 150 (1), 1993.

ARISTÓTELES, *Acerca del alma,* Biblioteca Clásica Gredos, Madrid, 1988.

BALES, R. F., *Personality and Interpersonal Behaviour,* Holt, Rinehart and Winston, Nueva York, 1970.

BANDURA, A., *Teoría del aprendizaje social,* Espasa-Calpe, Madrid, 1987.

BLEULER, E., *Tratado de Psiquiatría,* Espasa-Calpe, Madrid, 1966.

BUNGE, M. y ARDILA, R., *Filosofía de la Psicología,* Ariel, Barcelona, 1988.

CANNON, W. B., *Bodily Changes in Pain, Hunger, Fear and Rage,* Applenton, Nueva York, 1920.

CATELL, R. B., *The Sixteen Personality Factor Questionnaire,* Institute for Personality and Ability Testing, Chicago, 1963.

CLONINGER, R., «A psychobiological model of temperament and character. Fundamental findings for use in clinical practice», en HAFNER, H. y WOLPER, E. M. (eds.), *New research in Psychiatry,* Hogrefe y Huber Publishers, Gotinga, 1996, págs. 95-112.

COLEMAN, D., *Inteligencia emocional,* Kairós, Barcelona, 1997.

CRAIG, A. D., «How do you feel-now? The anterior insula and human awareness?», *Natural Review Science,* 10 (1), 2009.

DAMASIO, A. R., *Self Comes to Mind: Constructing the Conscious Brain,* Heinemann, Londres, 2010.

DARWIN, C., *On the Origin of Species by Means of Natural Selection,* Penguin Books, Londres, 1968. [Ed. en español: *Sobre el origen de las especies,* Austral, Barcelona, 2003].

DAVIDSON R., «The neuropsychology of emotion and affective style», en LEWIS, M. y HAVILAND, J. (eds.), *Handbook of Emotions,* Guilford, Nueva York, 1993.

DESCARTES, R., *Discurso del método y meditaciones metafísicas,* traducción, prólogo y notas de Manuel García Morente, Espasa-Calpe, Madrid, 1969.

DÖRR, O., *Psiquiatría antropológica. Contribuciones a una psiquiatría de orientación fenomenológica-antropológica,* Editorial Universitaria, Santiago de Chile, 1995.

DUNBAR, H. F., *Emotions and bodily changes. A survey of literature on psychosomatic interrelationships 1910-1933,* Columbia Press, Nueva York, 1954.

ENGEL, G. L., «The clinical application of the biopsychosocial model», *American Journal of Psychiatry,* 137, 1980, pág. 535.

EYSENCK, H. J., *Personality, Genetics, and Behavior,* Praeger, Nueva York, 1982.

FREUD, S., *Obras completas,* Biblioteca Nueva, Madrid, 1975.

GARDNER, H., *Inteligencias múltiples. La teoría en la práctica,* Paidós, Barcelona, 1995.

GOLDBERG, L. R., «An Alternative "Description of Personality": the Big-Five Factor Structure», *Journal of Personality and Social Psychology,* 59, 1990.

GONZÁLEZ DE RIVERA, J. L. y MORERA FUMERO, A., «La valoración de sucesos vitales: adaptación española de la escala de Holmes y Rahe», *Psiquis,* 4, 1983, págs. 7-11.

JASPERS, K., *Filosofía de la existencia,* Aguilar, Madrid, 1958.

JUNG, C. G., *Memories, Dreams, Reflections,* Random House, Nueva York, 1961.

KHALSA, S. y LAPIDUS, R., «Can Interoception Improve the Pragmatic Search for Biomarkers in Psychiatry?», *Frontiers in Psychiatry,* vol. 7, 2016.

KLEIN, M., *Contributions to Psycho-Analysis, 1921-1945. Developments in Child and Adolescent Psychology,* McGraw-Hill, Nueva York, 1967.

KÜBLER-ROSS, E., *On Death and Dying,* Macmillan, Nueva York, 1969. [Ed. en español: *Sobre la muerte y los moribundos,* Debolsillo, Barcelona, 2010].

LAÍN ENTRALGO, P., *La relación médico-enfermo. Historia y teoría,* Revista de Occidente, Madrid, 1982.

— *La espera y la esperanza,* Alianza, Madrid, 1984.

LÓPEZ-IBOR, J. J., *La angustia vital,* Paz Montalvo, Madrid, 1952.

LÓPEZ-IBOR, J. J. y LÓPEZ-IBOR ALIÑO, J. J., *El cuerpo y la corporalidad,* Gredos, Madrid, 1974.

LÓPEZ-IBOR, J. J., ORTIZ, T. y LÓPEZ-IBOR, M. I., *Lecciones de Psicología Médica,* Masson, Barcelona, 2001.

— «Percepción, vivencia e identidad corporal», *Actas Españolas de Psiquiatría,* vol. 39, supl. 3, págs. 1-111.

MADANES, L. y MARGOT, J. P., *Una alegría secreta,* Programa Editorial Universidad del Valle, Cali, 2013.

MASLOW, A. H., *Motivation and Personality,* Harper, Nueva York, 1970.

MCCLELLAND, D. C., *Human Motivation,* University of Cambridge, Nueva York, 1987.

MURRAY, E. J., *Motivation and Emotion,* Englewood Cliffs, Nueva York, 1964.

OFFER, D. y SABSHIN, M., *Normality and the Life Cycle,* Basic Books, Nueva York, 1984.

PASCAL, B., *Obras completas,* Alfaguara, Madrid, 1981.

PLATÓN, *Diálogos,* Biblioteca Clásica Gredos, Madrid, 1982, 5 vols.

RAHE, R. H. y ARTHUR, R. J., «Life change and illness studies: past history and future directions», *J. Human Stress,* 4:3, 1978.

RAMACHANDRAN, V. S., «Consciousness and body image: lessons from phantom limbs, Capgras syndrome and pain asymbolia», *Phylosophycal Transactions of the Royal Society of London,* 1998, págs. 1851-1959.

ROGERS, C. R., *El proceso de convertirse en persona,* Paidós, Barcelona, 1989.

ROJAS, E., *Todo lo que tienes que saber sobre la vida,* Espasa, Barcelona, 2020.

ROJAS ESTAPÉ, M., *Cómo hacer que te pasen cosas buenas,* Espasa, Barcelona, 2018.

SAN AGUSTÍN, *Confesiones,* Alianza, Madrid, 2011.

SELIGMAN, M., *What you Can Change and What You Can't: The Complete Guide to Successful Self-Improvement,* Knopf, Nueva York, 1993.

SEYLE, H., *The Physiology and Pathology of Exposure to Stress,* Acta, Montreal, 1950.

SHAFFER, M., *Life after Stress,* University Press, Nueva York, 1982.

TERESA DE CALCUTA, *The Joy in Loving,* Penguin, Londres y Nueva York, 2000.

WANG, X., LIU, Y., SHE, Y. y GAO, X., «Neural correlates of appearance-based social comparison: The modulating effects of body dissatisfaction and person perspective», *Biological Psychology* 144, 2019, págs. 74-84.

WEIZSÄCKER, V. von, *Der kranke Mensch,* Köhler, Stuttgart, 1951.

WOLFF, H. G., *Stress and Disease,* Charles C. Thomas Publisher, Springfield, 1953.

ZUBIRI, X., *Sobre el problema de la filosofía y otros escritos (1932-1944),* Alianza, Madrid, 2002.

ZUCKERMAN, M., KUHLMAN, M., JOIREMAN, J., TETA, P. y KRAFT, M., «A comparison of three structural models for personality: The Big Three, the Big Five, and the Alternative Five», *Journal of Personality and Social Psychology,* 65, 1993, págs. 757-768.

ZUTT, J., *Psiquiatría antropológica,* Gredos, Madrid, 1976.